INHALT

HALLÖ, HALLÖ!

Ich wünsche dir ganz viel Spaß und ein spannendes Kopfkino beim ersten Krimi-Abenteuer unserer Lieblingsratte Rolf Rüdiger. Neben seinem Job als TV- und Radiomoderator bei „Radio Wien" gibt es noch so viele Geschichten aus seinem Leben zu erzählen. Mir hat es jedenfalls große Freude bereitet, ihn bei seinem ersten Abenteuer zu begleiten. Wie du weißt, ist Rolf Rüdiger frech, neugierig und liebenswert. Manchmal ist er auch ein wenig faul und ziemlich verfressen. Wenn Rolf Rüdiger einmal stolpert, dann schüttelt er sich kurz durch und wuselt einfach weiter. Klingt nach einer guten Einstellung, wie ich finde. Mein Dank gilt allen Rolf-Rüdiger-Fans, die situationselastisch an diesem Buch beteiligt waren.
„Auf die Plätzchen, fertig, los!"

Peter Tichatschek

STECKBRIEF

Name:
~~Rolf Rüdiger~~ ... meine Freunde nennen mich RoRü.

Alter:
... wer will das wissen?

Beruf:
Radiomoderator, Ratte und Cremeschnittenliebhaber, hehe.

Berufung:
Was für eine Rufung? Hallo, hallo, ist da jemand?

Lieblingsfarbe:
blauer Fleck am Oberschenkel

Lieblingsgetränk:
Erdbeermilch ... oder Kakao.
Oder noch besser: Erdbeermilch mit Kakao!

Musik:
gegurgelte

Beste Eigenschaft:
~~Spürnase~~ kann laut pupsen

Schlechte Eigenschaft:
keine

Lieblingsspruch:
Auf die Plätzchen, fertig, los!

Erdbeermilch

STECKBRIEF

Name:
Jessi

Alter:
Das fragt man eine Lady nicht!

Beruf:
Verkäuferin in der Bäckerei Schnapper.
Und bald Studentin. Irgendwas mit Ernährung würde
mich interessieren.

Berufung:
Das Leben lieben und viel lachen.

Lieblingsfarbe:
hellblau

Lieblingsgetränk:
Erdbeermilch

Musik:
Songs zum Mitsingen und Tanzen

Beste Eigenschaft:
Das sollen meine Freunde beantworten.

Schlechte Eigenschaft:
Eine, aber die verrate ich nicht.

Lieblingsspruch:
Veganes Schnitzel, nein danke!

PROLOG

„Ja, hallöchen, wie heißt du ...?

Ah, guter Name, du siehst auch genauso aus. Hihi!

Kannst du den QR-Code da oben auf der Seite
sehen?

Dann scanne ihn doch einfach mal mit deinem
Handy. Das wird noch öfter in diesem Buch vor-
kommen. Aber keine Angst, du versäumst nichts,
wenn du den Code nicht scannst.

Und bevor ich es vergesse: Einige Wörter sind in
‚fetter‘ Schrift gedruckt. Diese Wörter werden ganz
hinten im Buch erklärt – in einem genialen Wörter-
buch, das ich extra für dich angelegt habe.

Eine Frage hätte ich übrigens noch. Kannst du dir ein Leben ohne Cremeschnitten vorstellen …? Na eben! Ich auch nicht!"

Es ist Sonntag, acht Uhr und drei Minuten. Im Radiostudio leuchtet das Rotlicht und der Nachrichtenmoderator liest die letzte Meldung vor. Darauf folgen die Wetteraussichten und die aktuellen Verkehrsmeldungen. „Auf den Straßen ist nichts los, es wurden uns keine Störungen gemeldet."
In wenigen Sekunden startet der Mann hinter dem Mischpult die *Signation* der wöchentlichen Show mit Quizmaster Robert Steiner und der frechen Ratte Rolf Rüdiger auf Radio Wien. Robert blickt kopfschüttelnd auf die große Digitaluhr an der Wand. Alle sind bereit. Wer noch nicht da ist, ist Rolf Rüdiger.
„Einen schönen Sonntag wü…"

„Bin schon da, hat mich wer vermisst?", platzt Rolf Rüdiger lautstark mitten in Roberts Begrüßung.
„Na endlich, Rolf Rüdiger, wir warten schon auf dich!" Robert deutet auf die Uhr.
„Was, wieso, ich bin doch pünktlich da, die Uhr stimmt nur nicht, hehe."
Rolf Rüdiger zieht ein Mikro, das an einer langen Teleskopstange angebracht ist, zu sich herunter. Dann greift er nach dem Sitzsack, den er sich vor einiger

9

Zeit gebastelt hat. Die Hocker im Studio waren ihm einfach zu unbequem und auch viel zu hoch gewesen. Deshalb hat er vor einiger Zeit einfach einen Haufen alte T-Shirts, Socken und Handtücher in einen Kissenüberzug gestopft und ihn am Ende mit einem *Gummiringerl* zugeschnürt, wie einen Luftballon. Rolf Rüdiger lässt sich auf seinen Selfmade-Sitzsack fallen und augenblicklich reißt das Gummiringerl. Der Sitzsack verliert sofort an Volumen und er landet unsanft auf seinem Hinterteil. Eine löchrige Socke purzelt heraus.

„Ah, da bist ja endlich, dich hab ich schon lange vermisst", murmelt Rolf Rüdiger erfreut. Er riecht kurz daran und stopft sie sich anschließend mit einem Kopfnicken in die Hosentasche seiner Jeans. „Deine Schwester-Socke daheim auf der Wäscheleine wird sich freuen, dich wiederzusehen."

Dann leuchtet auch schon sein Mikrofon rot auf und Robert deutet ihm: „Du bist dran …"
„Hmm, wieso hör ich nichts? Hallo, hallo, kann mich jemand hören?", ruft Rolf Rüdiger.
Der Mann hinter den Reglern am Mischpult fuchtelt wild mit seinen Händen am Kopf herum.
„Ich soll mir eine Haube aufsetzen … Draußen hat es fünfundzwanzig Grad!", sagt die Ratte. „Also das muss ich euch erklären, das ist ja komisch. Ich bin da,

hör keine Signation, keinen Robertl, keine Musik und der Kollege hinterm Mischpult deutet mir, ich soll eine **Pudelhaube** aufsetzen. Versteht ihr das?"

Auf dem Bildschirm vor Rolf Rüdiger trudeln die ersten Nachrichten über die Social-Media-Kanäle herein.

Sarah (11 Jahre): „Kopfhörer!!!"

Leon (14 Jahre): „Du musst deine In-Ears reingeben, Rolf Rüdiger."

Michaela1140: „Du hast wahrscheinlich keine Kopfhörer auf, lieber RoRü!"

Rolf Rüdiger klatscht sich auf die Stirn.

„Danke, meine Lieblingsmenschen, jetzt ist mir alles klar wie Buttercreme. Und ich hab mich schon unter der kratzenden Wollhaube schwitzen sehn."

Er schnappt sich die Kopfhörer, die unter dem Mischpult an einem Haken baumeln, und setzt sie sich auf die Ohren. Die weichen Ohrmuscheln der Kopfhörer sind natürlich deutlich zu groß für seinen Kopf, aber das stört ihn nicht. Rolf Rüdiger sieht aus, als hätte er sich zwei Autoreifen auf den Kopf geschnallt, dafür kann er jetzt alles gut hören. Auch das leise Kichern von Robert, der die Szene aus dem Augenwinkel beobachtet hat.

Knister, knister, raschel, raschel …

„Was machst du da bitte?"

„Na, wonach sieht es denn aus, mein lieber Robertl",
antwortet Rolf Rüdiger und winkt ihm mit seiner

Cremeschnitte. „Kurz nach acht – Frühstückstime, so viel Zeit muss sein!"

Vor der Sendung hat er noch einen Sprung bei seiner Lieblingsbäckerei vorbeigeschaut, ein ausführliches *Schwätzchen* mit seiner Lieblingsverkäuferin Jessi gehalten und zwei Cremeschnitten gekauft.
Eine zum Frühstück während der Sendung und eine Ersatzcremeschnitte, falls er später noch Hunger bekommen würde.
Rolf Rüdigers große Schneidezähne durchstoßen die knusprigen Teigplatten, ein paar Brösel des Blätter-teiges prasseln auf seine Hose und seitlich quillt die köstliche Cremefüllung heraus. Als langjähriger Cremeschnittenliebhaber reagiert Rolf Rüdiger ... nicht. Er weiß, es ist unvermeidlich, dass ein Stück der Creme gleich auf seinem T-Shirt landen wird.
„Vielleicht entsteht ja ein ‚Zwei-Fettflecken-Kunst-werk', denkt er. Ein formschöner, runder Fettfleck von letzter Woche ist bereits auf seinem weißen Shirt zu sehen.
„PLATSCH!" Schon passiert. Die Creme landet aber exakt auf dem alten Fleck.
„Auch gut, liebe Creme, heute wieder mal gut ge-zielt. Dann darfst du es nächste Woche noch einmal probieren. Es wird ja nicht ‚die letzte Cremeschnitte' gewesen sein, die ich ..."

Er hat den Satz noch gar nicht fertig gedacht, da durchfährt ihn ein Schauer.

„… letzte Cremeschnitte?!!!"

Rolf Rüdigers Puls schnellt noch oben und sein Hirn schreit: „PANIK!!!"

„Puhhh, was für gräusliche Gedanken, keine Cremeschnitten mehr … weg, weg, weg …"

Er fuchtelt in der Luft herum, als würde er einen Schwarm Fliegen über seinem Kopf vertreiben.

„Da bin ich aber froh, dass ich keine Wahrsagerin bin!!!"

Er atmet einmal tief durch, hebt sein T-Shirt hoch und schleckt den Cremebatzen genüsslich ab.

Nach der Radioshow gehen Rolf Rüdiger und Robert noch frühstücken. Rolf Rüdiger futtert einen Punschkrapfen und trinkt dazu eine Erdbeermilch. Er schlägt ein paar neue Rubriken für die kommenden Radioshows vor und Robert bespricht mit ihm noch ein paar Details. Die Details rauschen bei Rolf Rüdiger aber bei einem Ohr rein und beim anderen Ohr gleich wieder raus. Die kalte Erdbeermilch an seinem Gaumen friert ihm gerade ordentlich die Gehirnwindungen ein.

„Passt schon, mein Robertl, alles in kalten Tüchern", sagt er schnippisch und saugt sein Glas leer.

„… trockenen", berichtigt ihn Robert.

„Ja genau, mein Freund und Zwetschkenröster, ich bin dann mal ein Wölkchen, bis nächsten Sonntag im Radio."

„Was bringt deine kommende Woche, mein Ratzilein?", ruft ihm Robert noch nach.

„Alles chillig und heute jedenfalls noch eine Cremeschnitte", sagt Rolf Rüdiger und deutet auf sein Sackerl mit der Ersatzcremeschnitte. „Es wird nicht meine letzte …"

„BÄÄM", da ist es wieder, dieses seltsame „Cremeschnitten-Verlust-Gefühl" und verpasst ihm einen Schlag in die Magengrube.

KAPITEL 1: DER DACHBODEN

„Düdeldü, düdeldü ..."

Radiomoderator: „Nur noch ein paar Tage, dann ist es wieder so weit. Am kommenden Wochenende findet die Wahl zur Cremeschnitte des Jahres statt. Favorit ist einmal mehr die Cremeschnitte der Bäckerei Schnapper, die von allen liebevoll nur mehr ‚die Schnapper' genannt wird."

Rolf Rüdiger stellte das Radio am Handy aus und warf einen Blick auf die Ersatzcremeschnitte auf seinem Schreibtisch.

„Ich freu mich ja schon so auf deine Ehrung", sagte er zu „seiner Schnapper". Rolf Rüdiger war sicher, dass die Cremeschnitte seiner Lieblingsbäckerei wieder gewinnen würde. Die Zeitungen, die stapelweise bei ihm herumlagen, waren voll mit Schlagzeilen und Storys über die kommende Preisverleihung. Es wurde auch viel über das Geheimrezept diskutiert. Bisher hatte es noch keine andere Bäckerei geschafft, die Schnapper-Cremeschnitte vom Thron zu stoßen.

Rolf Rüdiger kramte die löchrige Socke aus seiner Hosentasche und klemmte sie neben Socke Nummer zwei auf eine Wäscheleine, die er zwischen zwei Dachbalken gespannt hatte. Noch war es auf seinem neuen Dachboden etwas unordentlich. Er war erst kürzlich hierher umgezogen. Aber um ehrlich zu sein, es würde auch unordentlich bleiben.

Der Keller des Radiosenders, in dem er die letzten Monate gehaust hatte, war immer öfter auch von einer Katze aufgesucht worden. Mit ihr über so etwas wie Privatsphäre zu diskutieren, hatte sich bald als sinnlos erwiesen. Die Perserin sah zwar gut aus, schien aber nicht die hellste Kerze auf der **Malakoff-Torte** zu sein. Sie war nur auf Krawall gebürstet gewesen, und Rolf Rüdiger hatte einfach keine Lust auf einen langwierigen Nachbarschaftsstreit gehabt. Also musste er umziehen.

Mehr zufällig, beim planlosen Herumstreifen, hatte Rolf Rüdiger in einem alten Haus einen unbewohnten Dachboden entdeckt, nicht weit von seiner Lieblingsbäckerei entfernt.

„Oh, du gefällst mir aber und dein Name klingt auch ganz nett." „**Otto Wagner** 1898" stand auf einem goldenen Schild gleich neben dem Eingang.

„Dafür, dass du schon so alt bist, du ‚altes Haus', siehst du aber noch ganz gut aus", hatte sich Rolf Rüdiger damals gedacht.

Der Dachboden von Otto Wagner 1898 war perfekt für ihn geeignet. Er war geräumig, es gab Wasserleitungen, die er anzapfen konnte, und das Beste: Keine Katzen weit und breit!

Nur ein paar dumme Tauben bevölkerten hin und wieder die Dachrinne. Es reichte aber ein knackiges „Putschi", und schon flatterten sie mit einem erschreckten „Gruu, Gruu" empört auf und flogen davon. Okay, sie kamen am nächsten Tag wieder, aber Rolf Rüdiger machte sich mittlerweile einen Spaß daraus, die Flatterheinis immer aufs Neue zu erschrecken.

Es gab aber noch ein paar andere, fliegende Mit-
bewohner. So richtig geheuer waren ihm diese
Viecher nicht. Sie waren winzig, piepsten ab und zu
und hingen die meiste Zeit einfach nur kopfüber von
einem Dachbalken.

„Wenigstens sind es, was die Gattung betrifft,
Kollegen und Kolleginnen", dachte Rolf Rüdiger, als
er die Fledermäuse bei seiner ersten Dachboden-
Inspektion erblickt hatte.

„Ihr Miniatur-Draculas dürft bleiben, dann gibt es zumindest keine Gelsen hier", entschied er und schloss
mit ihnen quasi eine unbefristete Mitbewohnerver-
einbarung.

Zum Einrichten brauchte Rolf Rüdiger nicht viel. Die
paar ausrangierten Möbel, die auf dem Dachboden
gelagert waren, und eine dicke Matratze reichten ihm
schon. Am häufigsten würde er sowieso den alten
Kühlschrank in der Ecke benutzen. Der begann zwar,
nachdem er ihn angesteckt hatte, zu brummen wie
ein Schwarm Hummeln, aber er funktionierte noch.
Mit ein paar Umzugsgängen hatte er auch den Rest
seiner Sachen auf seinen neuen Dachboden über-
siedelt. Lediglich das Hinaufschleppen war ein wenig
mühsam gewesen. Es gab zwar einen Lift, aber die
Knöpfe für die Stockwerke waren einfach zu hoch für
ihn angebracht. An den Knopf mit „D" kam er sowieso nicht ran. So blieben ihm nur die Treppe und das

senkrechte Rohr der Dachrinne, das fast direkt neben seiner Dachbodenluke endete. Rolf Rüdiger fühlte sich pudelwohl in seinem neuen Dachboden-Loft.

„Bis zur Preisverleihung muss mein T-Shirt aber wieder blitzeblank sein." Er dachte kurz daran, den fettigen Creme-Fleck einfach mit einer Schere heraus-zuschneiden, entschloss sich aber dann doch für eine andere Methode.

„Vielleicht klappt es ja mit einer Luft-Waschung", murmelte er vor sich hin. „Es wird ja auch Zeit für ein Mützchen Schlaf." Rolf Rüdiger zog sein T-Shirt aus, klemmte es zu den beiden Socken auf die Wäsche-leine und machte es sich auf seiner Matratze gemüt-lich. Seine Jeans-Hose ließ er aber an.

Ganz traute er den hängenden Draculas dann doch nicht. „Bleibt ja weg von meinen *Kronjuwelen* und meinem *Spatzi* …"

Rolf Rüdiger gähnte ausgiebig und verschluckte sich dabei. Dann musste er einmal kurz rülpsen.

„Wenn man für die kommenden Tage absolut nichts vorhat, die Stunden langsam wie Karamellcreme den Tag entlangrinnen … dann, ja dann, sollte man einfach gut ausgeschlafen sein. Hehe." Und schon glitt er ins Reich der Träume.

Zum Glück wusste Rolf Rüdiger in diesem Moment noch nicht, dass die kommenden Tage „der absolute Hammer" werden würden.

KAPITEL 2: DIE MAPPE

HÖR MAL!

„Düdeldü, düdeldü …"

Radiomoderator: „… und gleich ist Konstantin von Beutel bei mir zu Gast im Studio. Er ist der Chef der größten Bäckereikette der Stadt und er tritt am kommenden Wochenende an, um den Titel der besten Cremeschnitte des Landes zu gewinnen. Wie wollen Sie die berühmte Schnapper-Cremeschnitte denn heuer schlagen, Herr Beutel?"

„Also wir haben da jetzt eine ganz neue Rezeptur in unserem Backlabor erfunden. Unsere neue Labor-schni…, also ich meine unsere neue Cremeschnitte, die schmeckt einfach, jetzt, noch besser …"

Im Büro der Bäckerei Schnapper schaute Frau Gludowiz von ihrem Bildschirm auf. Das Büro lag genau über der Backstube und nur einen Häuserblock vom Geschäft der Bäckerei entfernt. Die große Doppeltür zum Büro ihres Chefs war geschlossen. Ihr Blick schweifte über eine Mappe, die neben ihrem Bildschirm in der Ablage lag.

Bäckermeister Alfred hatte sie vor ein paar Minuten persönlich vorbeigebracht. Zweimal die Woche holte Alfred die Mappe bei Frau Gludowiz ab, ging damit hinunter in die Backstube und brachte sie nach ein paar Stunden wieder zurück in ihr Büro.

Der Bäckermeister arbeitete ständig an der Verbesserung der Backwaren und probierte immer neue Rezepturen aus. „Backen ist Handwerkskunst", sagte Alfred immer.

Die Mappe war nicht sehr dick, aber außerordentlich schön anzusehen. Fast wie ein antikes Buch, fand Frau Gludowiz.

Die Oberfläche war mit dunkelbraunem Leder bezogen und die Ränder mit einer durchgehenden, braunen Naht verziert. Die Ecken der Mappe schützten goldene Metallkanten.

Besonders auffällig war das kleine, sechsstellige Zahlenschloss, das in den Einband eingebaut war. Nur die sechs Zahlenräder schauten heraus und sie standen auf 000000. Der besondere Clou an diesem Schloss

war aber, dass es sich gleichzeitig um ein „Smart-Schloss" handelte. Die geheime Kombination dafür konnte nur Wilhelm Schnapper mit seinem Handy per App eingeben. Der große Vorteil dieser Methode war, dass die analogen Zahlenräder dabei auf 000000 stehen blieben, der eigentliche Code so für niemanden zu sehen war und daher geheim blieb.

Immer wenn Bäckermeister Alfred die verschlossene Mappe in die Backstube mitnahm, musste er anschließend eine Textnachricht an den Chef der Bäckerei, Herrn Schnapper, schicken. Der gab dann via App den Zahlencode von seinem Büro aus ein. Schon sprang das Schloss auf.

„Frau Gludowiz, Sie sind mir dafür verantwortlich, dass diese Mappe niemand anderer in die Hände bekommt als meine Schwester Eleonore, Alfred und ich", hatte Wilhelm Schnapper schon am ersten Arbeitstag zu ihr gesagt. „In der Mappe befindet sich neben allen anderen Rezepten auch das Rezept unserer Schnapper-Cremeschnitte. Das ist unser größter Schatz." Die Geschwister Eleonore „Elli" Schnapper und ihr Bruder Wilhelm waren sehr bedacht darauf, dass das Originalrezept der Creme-schnitte nicht in falsche Hände geriet.

Nur in der Backstube durfte die Rezeptmappe ge-öffnet werden. Elli und Bäckermeister Alfred tüftelten dann mit frischen Zutaten an den Rezepten.

Herr Schnapper war mehr für den geschäftlichen Teil der Firma zuständig. Er kontrollierte die Verkaufszahlen, bereitete die Buchhaltung vor und bestellte die Rohstoffe wie Mehl, Zucker und Eier für die Backstube. Im Gegensatz zu Elli war Herr Schnapper eher ernst und lachte nicht viel. Manchmal kam seine Art auch etwas ruppig rüber.

„Wo ist die Mappe, Frau Gludowiz? Sie sollte schon seit drei Minuten wieder in meinem Büro sein", rief er aus seinem Chefbüro.

„Entschuldigung, Herr Schnapper, ich komme schon", antwortete Frau Gludowiz und stürmte mit der Mappe ins Büro. „Hier ist sie, ich habe nur noch die letzten Zahlen in das Verkaufsdiagramm am Computer eingetragen."

„Ich will nicht, dass die Mappe irgendwo herumliegt, das wissen Sie doch", polterte Wilhelm Schnapper.

„Es war niemand außer mir im Büro, ich habe die Mappe nicht aus den Augen gelassen", antwortete Frau Gludowiz und schickte ihr charmantestes Lächeln hinterher.

„Schon in Ordnung, danke Ihnen, bitte legen Sie sie auf den Tisch." Herr Schnapper deutete auf einen kleinen Besprechungstisch.

„Mach ich gerne und das Diagramm zu den Verkaufszahlen der Schnapper, des neuen Mohnkranzes und der Schoko-Cake-Pops bringe ich Ihnen auch gleich."

„Danke, Frau Gludowiz … und sollte Elli noch vorbeikommen, dann möge sie bitte kurz bei mir rein-
schauen."
„Ist notiert", antwortete sie und schloss die Bürotür
hinter sich.

Frau Gludowiz hatte sich vor einem Jahr in der Bäckerei beworben und war sofort eingestellt worden.
Bei ihrem Bewerbungsgespräch hatte sie von „der
Schnapper" geschwärmt, und das war offenbar gut
angekommen.
„Man muss sich mit dem Produkt identifizieren
können, für das man arbeitet", hatte Herr Schnapper
damals zu ihr gesagt.
Für Frau Gludowiz war das kein Problem. Sie „identi-
fizierte" sich oft. Daher waren es bei ihr auch schon
ein paar Kilo mehr geworden.
Sie setzte sich wieder an ihren Schreibtisch und fügte
die letzten Zahlen in das Diagramm ein. Die Cremeschnitte hatte natürlich wieder den größten Balken.
Gerade wollte sie auf „speichern" drücken.
Da hörte sie den Schrei.

KAPITEL 3: JESSI VON DER BÄCKEREI

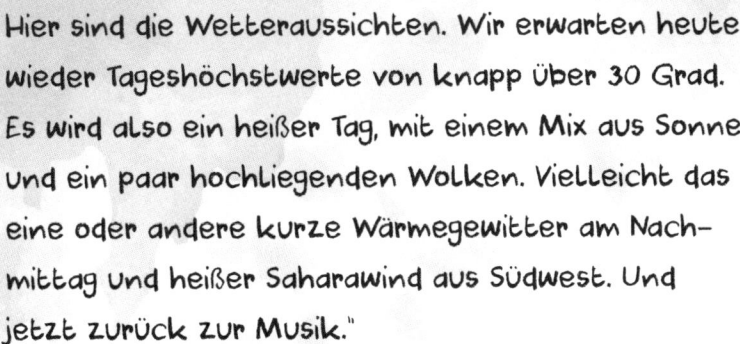

HÖR MAL!

„Düdeldü, düdeldü …"

Radiomoderator: „Guten Morgen.
Hier sind die Wetteraussichten. Wir erwarten heute wieder Tageshöchstwerte von knapp über 30 Grad. Es wird also ein heißer Tag, mit einem Mix aus Sonne und ein paar hochliegenden Wolken. Vielleicht das eine oder andere kurze Wärmegewitter am Nachmittag und heißer Saharawind aus Südwest. Und jetzt zurück zur Musik."

„... guten Morgen, guten Morgen, guten Morgen, Sonnenschein ...", tönte es aus dem Radio.

Jessi summte die Melodie mit. Sie war schon seit einer halben Stunde im Geschäft und bereitete die Vitrinen für die frischen Backwaren vor. Sie putzte die silbernen Platten und belegte sie fein säuberlich mit weißem Spitzenpapier. Wenn die Topfengolatschen, Nusskipferln, Mohnküchlein, Fruchtschnitten und Tortenstücke darauf lagen, ergab das ein wunderschönes *Stillleben*.

„Gleich kommen die ersten Kunden – yippie!"

Jessi freute sich immer ganz besonders auf die ersten Kunden. In der Früh duftete es noch nach frisch gebackenem Brot und süßem Gebäck. Das zauberte den Menschen immer ein süßes Lächeln ins Gesicht.

Sie schnalzte mit der Zunge und zupfte ihre weiße Rüschenschürze zurecht.

Darauf stand in fetten, rosa Blockbuchstaben: „SCHNAPPER-CREMESCHNITTE – DAS ORIGINAL".

Die Bäckerei Schnapper wurde bereits in dritter Generation von der Familie Schapper geführt und rühmte sich, die beste Cremeschnitte des ganzen Landes zu produzieren.

Zu Recht, wie Jessi fand, denn die Schnapper-Cremeschnitte, die alle nur „die Schnapper" nannten, schmeckte tatsächlich einfach unwiderstehlich.

Auf der Theke bekamen die Cremeschnitten einen Spezialplatz. Sie standen leicht erhöht, in einem gut

gekühlten Glaskasten, mit vier spiegelnden Einlege-
platten. Über dem Glaskasten war eine Konstruktion
angebracht, die an den Eingang eines Zirkuszeltes erinnerte. Zwischen zwei rot und gelb blinkenden Stän-
dern spannte sich eine Wimpelgirlande aus weißer
Kordel. Darauf hingen nebeneinander dreiundzwanzig
dreieckige Wimpel. Auf jedem Wimpel war ein Buch-
stabe aufgedruckt. Stand man genau vor der Vitrine
konnte man den Satz gut lesen:
„SCHNAPP DIR EINE SCHNAPPER!"
Jessi holte die silberglänzenden Vorlegeplatten
heraus und rubbelte mit heißem Wasser die Stellen
blank, an denen noch etwas Creme oder Zuckerglasur
haftete. Danach trocknete sie die Platten fein säuberlich ab und polierte sie mit einem weichen Tuch.
„Die müssen blitzblank sein. Man muss sich darin
spiegeln können", sagte Elli Schnapper immer zu ihr.
„Das ist wichtig, Jessi, denn erst dann wirken die
Schnapper-Cremeschnitten so richtig edel und ein-
ladend."
Jessi wischte noch ein letztes Mal über eine Platte
und hielt sie sich dann direkt vors Gesicht.
„Hallo, hallöchen, guten Morgen Sonnenschein, heute
sehen wir aber wieder gut aus!", sagte sie lachend zu
ihrem Spiegelbild.
Ihre hellbraunen Haare waren zu einem Knoten am
Kopf zusammengesteckt. Dazu hatte sie heute

Morgen ein „Eis am Stiel"-Stäbchen aus Holz verwendet, das aus dem Haarknoten herausschaute.

Jessi grinste ihr Spiegelbild an und schnitt dabei eine lustige Grimasse. Sie zwinkerte mit dem rechten Auge und formte einen übertriebenen Kussmund.

„Schnapp dir eine Schnapper", raunte Jessi und warf sich dabei, wie ein Model auf dem Laufsteg, in Pose.

„Und da sind sie auch schon!", hörte sie plötzlich eine Stimme hinter sich. Jessi erschrak und riss den Arm herunter. Dabei knallte die Kante der Platte gegen ihren Oberschenkel.

„Autschiii! … Entschuldigung", quietschte sie.

Neben ihr stand Elli Schnapper und lächelte sie an.

„Guten Morgen, Jessi. Du bist immer so gut gelaunt und so ordentlich. Ich freu mich wirklich, dass du in meinem Team bist … und wie die Platten glänzen!"

Ihre Chefin trug ein riesiges Backblech, das mit Backpapier abgedeckt war. „Hier sind sie, die besten Cremeschnitten ever", sagte Elli theatralisch und warf sich in die gleiche Model-Pose wie Jessi zuvor.

Weil ihre Chefin aber noch das schwere Backblech hielt, sah die Pose ein wenig ungelenk und seltsam aus. Beide prusteten vor Lachen laut los und Jessi machte sich daran, die Cremeschnitten auf den polierten Platten zu platzieren.

„Ich werde gleich mal zwei ‚Schnapper' für unseren besten Kunden, Rolf Rüdiger, reservieren."

KAPITEL 4: „ICE ICE BABY"

„Hallotschi, Popotschi, da bin ich wieder.
Sag mal, was sind eigentlich die Top 3 deiner
Lieblingssüßspeisen? Du darfst hier sogar ins Buch
reinkritzeln!"

3. Platz: _____

2. Platz: _____

1. Platz: _____

„Ha, wusst ich's doch! Gute Wahl – dafür feiere ich
dich!

Willst du meine Top 10 auch wissen? Dann musst
du rasch weiterlesen oder den QR-Code mit deinem
Handy scannen."

Rolf Rüdiger stand in seinem improvisierten Bad, das er sich gleich neben den Wasserrohren auf seinem Dachboden eingerichtet hatte, und nahm die Zahnbürste aus dem Mund.

Er spülte sie ab und stellte sie zurück in den Zahnputzbecher. So wie sie dort steckte, konnte man gut sehen, wie zerzaust der Bürstenkopf war.

Unlängst hatte er sich am Rücken kratzen müssen, war aber mit seinen Händen nicht an die juckende Stelle gekommen. Zuerst hatte er es mit dem Stiel der Zahnbürste probiert.

Als das nichts geholfen hatte, war er dazu übergegangen, sich leidenschaftlich mit dem Bürstenkopf zu kratzen.

Das hatte wahre Wunder gewirkt!

Aber die Bürste war seitdem hin.

„Ich sollte mir mal wieder eine neue ‚Kratzbürste' holen", kicherte Rolf Rüdiger, spuckte den Schaum aus und nahm einen großen Schluck Wasser.

Erst blähte sich seine rechte Backe auf, dann seine linke. Während er das Wasser so im Mund hin und her bewegte, holte er einen grobzinkigen Kamm aus der Lade und versuchte ein paar Wirbeln aus seinem Fell zu kämmen. Auch der Kamm sah nicht gerade neu aus, es fehlten schon zwei Zinken.

Rund um seinen Bauchnabel hatten sich über Nacht besonders viele Kräuseln gebildet. „Irgendwie ganz an … an … mhhh … angenehhhm, der Kamm an meinem Bauch mhhh …", schnurrte Rolf Rüdiger und genoss jede Bewegung.

Er kämmte sich das ganze Bauchfell, mit langen Strichen, wie einen langhaarigen *Flokati*-Teppich. Dabei warf er den Kopf in den Nacken und begann den Titelsong des Filmes „Titanic" zu gurgeln.

„Grrr, grrr, grrr … grrr, grrrrrrr, grrrrrrrr …"

Er war so begeistert von seinen Gurgelkünsten, dass er das Gurgelwasser in seinem Mund völlig vergaß.

„Ich bin der König der Welt", rief Rolf Rüdiger seinem Spiegelbild zu. Aber schon beim Wort „Ich" spuckte er einen Teil des Gurgelwassers auf den Spiegel. Den anderen Teil des Spülwassers verschluckte er unabsichtlich.

„Gulp … Pfuiwudl noch einmal", prustete Rolf Rüdiger laut. „Was für eine Sauerei … aber das Zahnpasta-Wasser schmeckt gar nicht mal so schlecht … Schmatz!"

Rolf Rüdiger holte ein kleines Sprühfläschchen aus dem Kästchen neben dem Waschbecken. Das Fläschchen hatte nicht nur die Form einer WC-Ente, der Inhalt roch auch wie Klo-Spray. Er sprühte etwas davon in die Luft und hüpfte mit dem Gesicht voran in die duftende Wolke.

„Tadaaaa! So geht duschen heute."

Er schnappte sich die zerzauste Zahnbürste und warf sie in eine alte Truhe. Dort stopfte er alles hinein, was er gerade nicht benötigte.

„Wegwerfen ist nicht …", sagte Rolf Rüdiger immer, „wer weiß, wofür ich das alles noch brauchen kann!"

In der Mitte des Dachboden-Lofts thronte Rolf Rüdigers Matratze. Von hier aus konnte er perfekt durch die Dachluke in den Sternenhimmel sehen. Daneben stand am Boden eine alte Waschmuschel, die Rolf Rüdiger als Nachtkästchen benutzte.

In der Muschel lag sein Handy. Er griff danach und war startklar für den Tag.

„Auf die Plätzchen, fertig, los!"

Vor seiner Dachbodentür stolperte er fast über den Müllsack, den er gestern Abend rausgestellt hatte. Daneben stand noch ein zweiter Sack mit Altpapier.

„Drei Dinge zu tragen und nur zwei Hände", murmelte Rolf Rüdiger und blickte auf das Handy in seiner Hand.

In die Hosentasche wollte er es nicht stecken, denn das Teil war viel zu groß dafür. Außerdem sah es in der Hosentasche aus, als hätte er einen Schuhkarton eingesteckt. Ohne lange zu überlegen, packte sich Rolf Rüdiger das Handy quer in die Schnauze. Mit der rechten Hand griff er nach dem Müllsack und mit der linken nach dem Altpapiersack.

„Jetzt mit dem Lift, das wäre genial … aber egal, so mach ich wenigstens Morgensport … grrrr", grummelte er.

Also trippelte er wie immer flink die Stufen hinunter. Vierter Stock, dritter Stock … im zweiten Stock angekommen, läutete sein Handy.

„… Ice Ice Baby …", schallte es aus seiner Schnauze.

„Na genau, das ist ja wieder mal typisch, keine Hand frei und das Handy im Maul."

Rolf Rüdiger versuchte mit seiner Nase erfolglos, auf „annehmen" zu wischen. „So wird das nichts!"

Ärgerlich schielte er auf sein Display und bemerkte, wie ein Tropfen Spucke aus seiner Schnauze langsam den Bildschirm entlanglief.

„Pfuiwudl, na das ist nicht gerade appetitlich."

Rolf Rüdiger verdrehte die Augen.

„… Ice Ice Baby …"

Das ganze Stiegenhaus wurde von seiner Klingelmusik beschallt. Die Tür von Nummer acht ging einen Spalt auf, eine Frau streckte den Kopf heraus. Ihr lautes Radio plärrte auf den Gang.

„Düdeldü, düdeldü …"

Radiomoderator: „… immer mehr Tauben bevölkern die Stadt. Experten sprechen schon von einer Plage. Der ‚Ratten der Lüfte' kann man nur mit einem strikten Fütterungsverbot Herr werden."

Rolf Rüdiger zuckte kurz zusammen. „Ratten?
Hat hier jemand ‚Ratten und Fütterungsverbot'
gesagt?", dachte er.
Die Frau aus Nummer acht sah Rolf Rüdiger mit voll-
bepackten Händen und dem Handy im Maul vor ihrer
Tür stehen und schüttelte nur den Kopf. Dann knallte
sie die Tür wieder zu.

„...atten ...er ...üfte", nuschelte Rolf Rüdiger amüsiert.
Er schielte auf sein Handy im Maul und trippelte
weiter die Stufen hinunter.
Der Spucke-Tropfen auf seinem Display erreichte
mittlerweile das Ende des Bildschirms. Rolf Rüdiger
hielt den Kopf etwas schief und die Spucke floss im
selben Rinnsal wieder zurück in sein Maul.
„Naja, warum auch nicht", dachte er, „meins ist
meins!", und schluckte die Spucke runter.
Unten angekommen, entsorgte er die Säcke in die rich-
tigen Tonnen und nahm sein vollgesabbertes Handy
aus der Schnauze. Er wischte zum Öffnen über den
Bildschirm, um nach dem verpassten Anruf zu schauen.
„Ah, ich hab auch eine Textnachricht bekommen."
„2 x Schnapper reserviert 😀" stand in der Sprech-
blase.
Die Nachricht kam von Jessi aus der Bäckerei.
„Yeah, it′s Cremeschnittentime", jubelte Rolf
Rüdiger.

Vor ein paar Jahren hatte er sogar eine Liste seiner Lieblingssüßspeisen verfasst. Und die Cremeschnitte lag auf dem ersten Platz.

Meine extrem süße Liste:
Platz 10: *Palatschinken mit Marmelade*
Platz 9: Mürbteig-Fruchtschüsserl
Platz 8: *Powidltatschkerln*
Platz 7: Marillenknödel
Platz 6: Cheesecake
Platz 5: Linzer Torte
Platz 4: Punschkrapfen
Platz 3: Erdbeeren – einfach so!
Platz 2: Eis und nochmal Eis
Platz 1: Cremeschnitten!!!

Täglich holte sich Rolf Rüdiger bei Jessi in der Bäckerei eine Schnapper-Cremeschnitte. Manchmal auch zwei.
Weil die Schnapper aber immer so schnell vergriffen war, reservierte ihm Jessi jeden Morgen den beliebten Verkaufsschlager der Bäckerei.
„Danke!!! Bin gleich da, du Allerliebste 😊😊**"**, tippte er retour und flitzte durch die Abwasserrohre der Stadt zur Bäckerei.

HÖR MAL!

KAPITEL 5: ALLE TAPPEN IM DUNKELN

„Auf die Plätzchen, fertig, los!
Hallo! Das Kommando galt dir! Also ich finde, der
Herr Schnapper schreit ganz schön arg. Ich glaub,
der braucht ein Hustenzuckerl danach. Wenn du
ihn noch einmal schreien hören willst, dann weißt
du ja, was zu tun ist. Ha, da schreit er ja schon
wieder, der arme Herr Schnapper ..."

Eine Stunde zuvor.

„Ahhhhh …"
Der markerschütternde Schrei kam aus dem Büro von
Wilhelm Schnapper. Frau Gludowiz erschrak an ihrem
Schreibtisch, wirbelte herum und stürmte, ohne zu
klopfen, in das Büro ihres Chefs.
„Herr Schapper, was ist passiert, geht es Ihnen gut?"
Wilhelm Schnapper stand mit offenem Mund vor dem
kleinen Besprechungstisch. Darauf lag die Mappe,
die sie vor ein paar Minuten dort abgelegt hatte.
Die Mappe war aufgeklappt und rundherum lagen
verstreut beschriebene Zettel.
Es lief ihr kalt den Rücken herunter. Eine plötzliche
Nervosität machte sich bei ihr breit, aber sie ließ sich
nichts anmerken.
„Frau Gludowiz, es ist was Schreckliches passiert.
Unser Schatz, das original Schnapper-Cremeschnitten-
rezept … es wurde gestohlen!"
Frau Gludowiz musste schlucken.
„Wie ist das möglich, Herr Schnapper? Die Mappe
war doch verschlossen. Alfred hat sie ja gerade erst
aus der Backstube zurückgebracht."
„Ich kann es mir auch nicht erklären", antwortete Herr
Schnapper. „Wie sollen wir denn in drei Tagen beim
Cremeschnittenwettbewerb antreten? Unser Original-
rezept soll dort zum ersten Mal öffentlich ausgestellt

werden. Das ist aber noch geheim. Niemand außer uns und dem Veranstalter des Events weiß davon. Das sollte doch die Sensation werden", schluchzte Wilhelm Schnapper verzweifelt. „Opa Schnapper hat es vor mehr als hundert Jahren mit der Hand geschrieben. Der Rahmen mit Panzerglas ist auch schon bestellt …"

Ein paar Minuten später standen auch Elli Schnapper und Bäckermeister Alfred im Büro.

„Ich, ich habe nur am Rezept der Linzer-T-T-Torte gearbeitet, sonst ni-ni-nichts. Ich kann es mir nicht erklären, ich … ich habe es nicht angerührt", stotterte der Bäckermeister betroffen.

„Das ist eine Katastrophe, wir müssen sofort die Polizei rufen", rief Elli in die Runde."

„Und damit einen riesigen Skandal auslösen?", entgegnete ihr Bruder knurrig. „Ich kann die Schlagzeilen schon lesen: ‚Einbruch bei der Bäckerei Schnapper!' Das können wir uns nicht leisten. Keine Polizei und keine Presse! Sie können gehen, wir müssen nachdenken."

Wilhelm Schnapper deutete mit einer wedelnden Handbewegung auf Frau Gludowiz und Bäckermeister Alfred.

„Du bleibst bitte noch hier", sagte Herr Schnapper zu seiner Schwester.

Sie setzten sich an den kleinen Besprechungstisch. Elli sammelte die herumliegenden Rezepte ein und legte sie wieder fein säuberlich in die Mappe.

„Dass Alfred das Rezept genommen hat, kann ich mir nicht vorstellen, und Frau Gludowiz war es bestimmt auch nicht", sagte sie.

„Alle, die Zugang zur Mappe haben, sind verdächtig. Wenn du es nicht warst und ich sowieso nicht, dann bleiben nur die beiden", erwidert Herr Schnapper.

„Ich? Ich kenne ja nicht einmal den Code, den hast doch nur du", sagte Elli und deutete auf die Mappe. Die sechs goldenen Zahlenräder standen noch immer auf 000000. Ihr stockte der Atem. „Also bist du eigentlich der Einzige, der den Code …"

Zu ihrer Überraschung verzog ihr Bruder keine Miene, sondern starrte nur auf die Mappe.

„Offenbar bin ich doch nicht der Einzige, der den Code kennt", erwiderte er. „Aber ich kann dir versichern, dass ich nichts mit der Sache zu tun habe", sagte Herr Schnapper kurz angebunden.

Elli glaubte einen Moment lang, ein Zittern in der Stimme ihres Bruders zu hören. War es die Aufregung? Oder hatte er vielleicht doch etwas mit dem Verschwinden des wertvollen Rezeptes zu tun? Sie verdrängte den Gedanken sofort wieder aus ihrem Kopf. „Also gut, Willi, wenn wir keine Polizei rufen, was sollen wir denn dann tun?"

Herr Schnapper sah seine Schwester nachdenklich an. „Wir brauchen jemanden, der seine Nase überall reinsteckt, aber doch diskret und unauffällig im Untergrund ermitteln kann."

HÖR MAL!

KAPITEL 6:
BLEICHGESICHT

„Hast du eigentlich ein Navi? Ich nicht, mein inneres Navi funktioniert perfekt. Zur Bäckerei muss ich nur durch das Hauptrohr geradeaus, dann bei der ersten Abzweigung links in das kleine Rohr. Ähhm ... und jetzt? Ich glaub, ich hab mich verlaufen. Wieso endet das Rohr denn hier? Kannst du mir bitte helfen! Einfach den QR-Code da oben scannen! Danke."

Rolf Rüdiger stand im Rohr und überlegte. Vor ihm ging es nicht weiter. „In welche Richtung also, rechts rum oder links rum?", grübelte er …

„Ahh, sehr gut, geschafft. Die Umleitung hätten sie auch g'scheit beschildern können. Aber egal, bin ja angekommen."

Rolf Rüdiger hüpfte aus dem Kanal auf die Straße und stand direkt vor der Bäckerei. Er öffnete die Tür und die drei Glöckchen, die an einer Schnur am Türrahmen befestigt waren, bimmelten.

„Den schönsten Guten Morgen wünsch ich dir, ohne Sorgen, aber ich könnt dir welche borgen, hehe …", flachste er Jessi schon beim Eintreten entgegen.

Sonst grüßte Jessi in ihrer weißen Rüschenschürze gleich freudig zurück. Heute war alles anders.

Stille!

„Nau, hat es dir die Rede verschlagen?", spottete Rolf Rüdiger. Doch dann sah er es. Jessi war kreidebleich im Gesicht und ihre Hände zitterten.

„Es ist weg, einfach weg", sagte sie monoton.

Ihre Stimme klang nicht so fröhlich wie normalerweise, sondern hatte fast etwas Geisterhaftes an sich.

„Wer ist weg?"

„Nicht wer, Rolf Rüdiger! ES ist weg."

„Ich versteh gar nichts mehr. Geht's dir eh gut? Du siehst aus wie ein Bleichgesicht. Als hättest du Graf Dracula gerade eine Cremeschnitte verkauft."

„Genau, Rolf Rüdiger … Cremeschnitte … weg!",
flüsterte Jessi.

„So kommen wir nicht weiter", trinken wir doch einen
Kakao zusammen, dann kannst du mir alles in Ruhe
erzählen."

Fast wie ferngesteuert befüllte Jessi zwei Früh-
stücksbecher mit heißem Kakao und platzierte zwei
Schnapper-Cremeschnitten auf einem Teller. Sie
reichte ihm zwei kleine Gabeln über die Theke und
kam an den Stehtisch. Rolf Rüdiger stupste Jessi sanft
an der Schulter und atmete demonstrativ tief ein
und aus.

„So, liebe Jessi, jetzt noch einmal ganz von vorne.
Was ist denn passiert, wer oder was ist bitte weg?"

Jessi nahm einen kleinen Schluck Kakao und atmete
ebenfalls ganz tief durch. Dann sprudelte es aus ihr
heraus.

„Ich habe ganz normal aufgesperrt, den Laden für die
ersten Kunden vorbereitet, die Schnapper-Vitrine geputzt, die Wimpel gerichtet, die Vorlegeplatten raus-
geholt … und dann kam Elli mit den Cremeschnitten.
Aber sie ist gleich wieder gegangen. Dann habe ich
dich angerufen, aber nicht erreicht und dir getextet.
Und plötzlich hat die Gludowiz angerufen."

„Wer bitte ist ‚die Gludowiz'?"

„Na die Frau Gludowiz aus dem Büro von Herrn
Schnapper", sagte Jessi aufgeregt.

43

„Und?", Rolf Rüdiger schaute sie mit fragenden Augen an.

„Was und?"

„Na was hat die Gludowiz denn gesagt?", fragte Rolf Rüdiger. Jessi beugte sich vor und hielt sich die gewölbte Hand zum Flüstern an den Mund.

„Das Rezept ist weg, das original Schnapper-Cremeschnittenrezept!" Jessi machte eine wegwischende Handbewegung in der Luft. „Verschwunden!"

„Aber meine zwei Cremeschnitten sind noch da, oder?"

Kaum hatte Rolf Rüdiger den Satz ausgesprochen, wollte er ihn auch schon wieder zurücknehmen.

„Sorry ... also das Rezept für die Cremeschnitten ist weg? ... Na und, kann euer Bäcker das nicht schon längst auswendig?"

„Natürlich kann er das auswendig", antwortete Jessi, „aber er und Elli tüfteln immer wieder daran, um es laufend zu verbessern. Und es ist das handschriftliche ORIGINALREZEPT und über hundert Jahre alt! Das Rezept ist der große Schatz der Bäckerei. Das hätten sicher viele gerne, um „die Schnapper" nachzumachen. Außerdem ist an diesem Wochenende der große Cremeschnittenwettbewerb, bei dem wieder die beste Cremeschnitte des Landes gekürt wird!"

Rolf Rüdiger stach mit der Gabel ein großes Stück Cremeschnitte ab und schob es sich in den Mund.

„Einmalig", murmelte er.

„Sag ich doch und das Rezept dafür wurde gestohlen!", antwortete Jessi mit Nachdruck.

Demonstrativ stach sie sich jetzt auch ein großes Stück ihrer Schnapper ab und schob es sich in den Mund.

Beide kauten still vor sich hin, bis Rolf Rüdiger das Schweigen brach.

„Wo war das Rezept denn aufbewahrt?"

„Im Büro bei Frau Gludowiz und Herrn Schnapper natürlich. Elli sagt immer, dass Frau Gludowiz und ihr Bruder darauf aufpassen, als wären es die Kronjuwelen der Queen."

„Taa taa tiiii taaa tataaa ..."

Rolf Rüdiger summte im Kopf die britische Hymne „God save the Queen".

Das Läuten von Jessis Handy unterbrach die Melodie in seinem Kopf. Sie kramte es hervor und las, was am Display stand: „Anruf Elli Schnapper".

„Hallo Elli", sagte Jessi, „gibt es schon Neuigkeiten?"

Rolf Rüdiger beobachtete, wie Jessi beim Zuhören immer wieder die Augenbrauen hochzog und „mhmm, verstehe" murmelte.

Dann legte sie auf, nahm noch einen Schluck Kakao und sagte geheimnisvoll:

„Elli hat mich gefragt, ob ich jemanden kenne, der seine Nase überall hineinsteckt und uns hilft, das

Schnapper-Rezept wiederzufinden. Diskret und im Untergrund."

Jessi schaute ihrem Gegenüber tief in die Augen und sagte:

„Ich glaube, ich kenne da jemanden."

„Wen denn?", antwortete Rolf Rüdiger.

KAPITEL 7: DER MANN IM HINTERGRUND

HÖR MAL!

„Okay, ich muss das verschwundene Rezept einfach finden!
- Nase überall reinstecken, check! Kann ich!
- Im Untergrund ermitteln, check! Kann ich auch!
... und was war nochmal das Dritte? Ich hab nur ‚fischgrät' verstanden. Los, scann den Code oder schau im vorigen Kapitel nach! "

Rolf Rüdiger saß an seinem Schreibtisch. Eigentlich war es eher eine ein Meter lange und fünfzig

Zentimeter breite Holzplatte, die er kurz nach seinem Einzug in einer Ecke des Dachbodens gefunden hatte. Es war wohl ein Stück eines alten Parkettbodens und hatte ein schönes *Fischgrät*-Muster. Für die richtige Höhe hatte er ein paar Ziegelsteine gestapelt und die Platte einfach darüber gelegt. Rolf Rüdiger besaß auch keinen Schreibtischsessel, sondern hockte auf einem dicken Stück Schaumstoff, das er mit Stoff bezogen hatte. Der Stoff war über und über mit roten Rosen bedruckt. An manchen Stellen war er schon recht abgewetzt. Auf diesem Schaumstoffwürfel konnte er mühelos sitzen und liegen. Im Liegen hatte er meistens sowieso viel mehr Ideen als im Sitzen. Auf seinem Schreibtisch-Brett stand neben den Cremeschnitten, die er aus der Bäckerei mitgebracht hatte, ein großes „*Kastl*".

Erst beim zweiten Hinschauen und mit viel Phantasie erkannte man dieses Teil als Laptop. Es war sehr, sehr dick und überall mit bunten Stickern beklebt.

Im Scherz sagte Rolf Rüdiger immer:

„Mein Lappi ist ein Schleppi."

Der Schleppi war sicher schon zehn Jahre alt und hatte im Vergleich zu einem modernen Laptop ein enormes Gewicht.

Mit dem Internet war das auch so eine Sache.

Einen fixen Anschluss gab es nicht, aber beim W-Lan-Check empfing er ein schwaches Signal. Das Signal

kam vom Sushi-Restaurant auf der anderen Straßen-
seite. Rolf Rüdiger hatte sich kurz nach seinem Einzug
aus einem Draht-Kleiderhaken und etwas Alufolie eine
Antenne gebastelt.
Wenn er das Internet benutzen wollte, musste er die
Dachluke öffnen und die Antenne so ausrichten, dass
sie genau auf die Luke zeigte.
Noch mehr Striche beim Empfang bekam er, wenn er
die Antenne auch noch mit einem Körperteil berührte.
Er lag also seitlich auf seinem blumigen Schaumstoff-
ziegel und streckte einen Fuß in Richtung Antenne.
Der dünne Draht des Kleiderbügels war genau
zwischen seinen Zehen eingeklemmt. Die Position war
zwar nicht gerade bequem, aber das Internet funktionierte einwandfrei.
Seit seinem heutigen Besuch bei Jessi in der Bäckerei
waren seine Gedanken ganz bei ihr und dem
mysteriösen Verschwinden des Cremeschnittenrezepts.
„Was, wenn Jessi auch noch verdächtigt wird, und
was, wenn es morgen keine Schnapper-Cremeschnitten mehr gibt", grübelte er vor sich hin. Und
da war es wieder, dieses seltsame „Cremeschnitten-
Verlust-Gefühl."
„Ich muss mir unbedingt etwas einfallen lassen, um
Jessi zu helfen, das Rezept wiederzufinden. Mit
meiner Spürnase, unauffällig im Untergrund und
‚fischgrät'!"

In der vergangenen Stunde hatte Rolf Rüdiger alle Artikel gelesen, die er über die Bäckerei Schnapper finden konnte.

„Aha, Opa Schnapper, also Theodor Schnapper, hat die Bäckerei im März 1907 gegründet. Wow, nicht schlecht, Opa Schnapper. Du hast ja sogar das Kaiserhaus mit Cremeschnitten beliefert. *Chapeau*!"

Wilhelm und Eleonore Schnapper führten die Bäckerei jetzt schon seit sieben Jahren sehr erfolgreich. Die Schnapper-Cremeschnitte war auch im vergangenen Jahr wieder zur „Cremeschnitte des Jahres" gewählt geworden.

„Apropos, es wird Zeit für eine süße Pauseline."

Rolf Rüdiger lief schon das Wasser im Mund zusammen.

Die Cremeschnitten lachten ihn verlockend an und rochen betörend nach frisch gebackenem Teig und Vanille. Er wollte schon den Fuß von der Antenne nehmen, da fiel ihm auf einem Foto etwas auf. Das Foto war offenbar bei der Preisverleihung zur Cremeschnitte des Jahres im vergangenen Jahr geschossen worden. Elli Schnapper hielt die Urkunde für den ersten Platz in die Höhe und strahlte in die Kamera. Im Hintergrund waren zwei Personen zu sehen, die sich angeregt unterhielten.

Rolf Rüdiger zoomte in das Foto hinein. Leider war genau da, wo sich jetzt die Köpfe der zwei Personen

befanden, ein großer Fleck auf seinem Bildschirm.
Er konnte rein gar nichts erkennen.

„Sieht aus wie Erdbeermarmelade", dachte er, schleckte einen Finger ab, fuhr über den Fleck und kostete. „Sieht nicht nur so aus, sondern schmeckt auch so … mhhh!"

Nachdem er den Fleck weggeschleckt hatte, konnte er die beiden Gesichter deutlicher sehen.

„Ja, hallo, wen haben wir denn da?"
Die eine Person war ganz eindeutig Bäckermeister Alfred, den er schon öfter im Geschäft bei Jessi gesehen hatte.

„Und wer bist DU?"
Der zweite Mann war groß, hatte ein aufgedunsenes Gesicht und seine Haut war blass. Die Nase konnte man durchaus als groß bezeichnen.

„Was für ein *Zinken*", dachte Rolf Rüdiger, als er noch größer auf die Nase zoomte. „Wenn der in eine Cremeschnitte beißt, tunkt er sie ja direkt in die Creme."

Er zoomte wieder etwas heraus, um den Mann in voller Größe zu sehen. Modern geschnittener, blauer Anzug, enge Hose, weißes Hemd. Das Sakko war viel zu klein geraten und der Bauch des Mannes ragte deutlich hervor. Der Jüngste war er offensichtlich nicht mehr. Seitlich am Kopf hatte er zwar noch ein paar Haare, oben konnte man aber schon eine glänzende Glatze erkennen.

In der Hand hielt er eine Art Urkunde, die zu einer Rolle aufgerollt war. Das musste sich Rolf Rüdiger genauer ansehen. Er klebte förmlich am Bildschirm, um die Worte auf der Rolle erkennen zu können.

4. Platz: Großbäckerei „Backhaus"

„Aha! Bäckermeister Alfred gratuliert dem ‚Backhaus-Menschen'. Aber wer gratuliert schon zum vierten Platz?! Hmm, das ist irgendwie komisch, oder? Ist da vielleicht mehr dahinter, kennen sich die beiden etwa besser?", fragte er sich.

Seine Spürnase war plötzlich hellwach.

Rolf Rüdiger schnappte sich die Schnapper neben seinem Lappi, die nur darauf wartete, verspeist zu werden.

Schon beim ersten Biss verdrehte er genüsslich die Augen. Die Schnapper knusperte kurz, als seine Zähne die erste Schicht durchstießen. Links und rechts quoll beim Reinbeißen wieder die Creme heraus, und der Zuckerguss schmolz förmlich in seinem Mund.

„Ein Träumchen", murmelte er genüsslich, lehnte sich zurück, schloss die Augen und dachte nach.

„Also was hat Bäckermeister Alfred mit dem Backhaus zu tun?"

Rolf Rüdiger kannte die große Bäckereikette natürlich. Fast in jedem Supermarkt war das Backhaus vertreten. Allerdings nur mit sogenannten Rohlingen, die in großer Stückzahl in einer Fabrik produziert und dann gefroren in die Filialen geliefert wurden. Dort musste man sie erst aufbacken, bevor sie verkauft werden konnten.

Das Backhaus hatte natürlich auch eine Cremeschnitte im Sortiment. Der Geschmack kam aber bei weitem nicht an den der Schnapper-Cremeschnitten heran.

„Ist das eine erste Spur?", dachte Rolf Rüdiger. „Versucht vielleicht das Backhaus hinter das Geheimnis der original Schnapper-Cremeschnitte zu kommen? Und hilft ihnen Bäckermeister Alfred etwa dabei? Das muss ich dringend Jessi erzählen!"

KAPITEL 8: VERDACHT

„Düdeldü, düdeldü ..."

Radiomoderatorin: „... wir begleiten euch auf dem Weg nach Hause. Wie wäre es mit einem Eis? Ich hab gleich die beliebtesten Eissorten der Stadt für euch. Ganz im Trend heuer, Eissorten mit Brausepulver ... und die perfekte Musik haben wir auch dafür, ich sag nur ‚Ice Ice Baby ...'"

Jessi schloss die Tür der Bäckerei ab und rüttelte noch einmal sanft am Türgriff. So vergewisserte sie sich immer noch einmal, ob sie gut abgeschlossen hatte.

Ihre Nerven flatterten ein wenig. Es war wirklich ein anstrengender Tag gewesen, mit all dem Trubel um das verschwundene Rezept.

„Jessiliiine, hallotschi, Popotschi", hörte sie hinter ihrem Rücken.

Sie drehte sich um und sah Rolf Rüdiger, der gerade aus dem Kanal kletterte. Das Rohrsystem unter den Straßen und Gehsteigen der Stadt war perfekt ausgebaut und so konnte Rolf Rüdiger fast jede Adresse unterirdisch erreichen.

„Wo kommst du denn plötzlich her", fragte Jessi erstaunt.

„Ich wollte dich noch rechtzeitig erwischen und hab eine Abkürzung genommen. Du weißt ja, bei meiner Größe bieten sich so einige Möglichkeiten an. Von meinem Dachboden bis hierher geht es unterirdisch einfach durch ein gerades Rohr, dann einen kleinen Wasserfall runter, wegen der blöden, nicht beschilderten Umleitung dreimal rechts herum und schon bin ich da … tadaa!"

„Das ist aber eine feine Überraschung, Rolf Rüdiger, hast du Lust auf ein Eis? Ich könnte etwas Abwechslung gebrauchen", fragte Jessi.

„Was für eine Frage, ich hab doch immer Lust auf ein Eis. Außerdem muss ich dir dringend etwas erzählen. Das geht bei einem Eis sowieso am besten", antwortete er. Ohne weitere Worte machten sich die beiden auf den Weg.

Nur einen Häuserblock weiter, in einer kleinen Seitengasse, befand sich ihr Lieblingsitaliener.
Eigentlich war der Besitzer ja ein Tunesier, aber der Eissalon hieß trotzdem „Bellissimo". Habib, der tunesisch-italienische Eissalonbesitzer, fabrizierte einfach das beste Eis. Kurioserweise kam sein Lehrling aus Vietnam und die Verkäuferin hinter der Eistheke war eine Studentin aus Vorarlberg. Ihr Dialekt war so schwer zu verstehen, dass Rolf Rüdiger anfangs dachte, sie spräche Italienisch.
Jessi bestellte einen „Coup Venedig", mit Vanilleeis, Schokoeis und Chocolate Chips.
Rolf Rüdiger bestellte einen „Coup Colosseum".
Der „Coup Colosseum" war eigentlich für zwei Personen gedacht. Unten eine Schicht Pistazien-, darüber halb Vanille- und halb Schokoeis. Dann kam noch eine Schicht Erdbeersauce und den Abschluss bildeten eine riesige Kugel Maracujaeis und eine Megakugel Kirscheis. Oben drauf war noch ein Topping aus Schlagobers, eine Amarenakirsche und eine ordentliche Portion „Pop Rocks" mit Erdbeergeschmack.

Rolf Rüdiger liebte dieses Brausepulver, das im Mund
extrem zu knistern begann, wenn es von der Spucke
feucht wurde.

Die kleinen Kügelchen explodierten förmlich am
Gaumen.

„Bing, bong, knister, knaster", knusperte
es in seinem Mund.

Nachdem beide genüsslich den ersten
Löffel Eis geschleckt hatten, begann
Rolf Rüdiger von dem Foto zu erzählen.

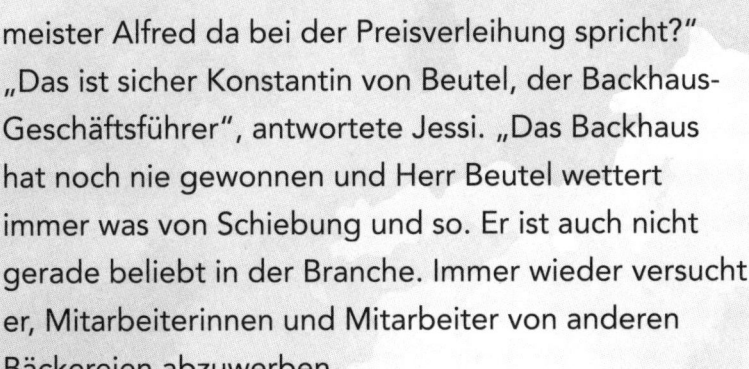

„Weißt du, wer der Mann mit der großen
Nase und der Glatze ist, der mit Bäckermeister Alfred da bei der Preisverleihung spricht?"

„Das ist sicher Konstantin von Beutel, der Backhaus-
Geschäftsführer", antwortete Jessi. „Das Backhaus
hat noch nie gewonnen und Herr Beutel wettert
immer was von Schiebung und so. Er ist auch nicht
gerade beliebt in der Branche. Immer wieder versucht
er, Mitarbeiterinnen und Mitarbeiter von anderen
Bäckereien abzuwerben.

Er verspricht ihnen ein super Arbeitsumfeld mit Auf-
stiegsmöglichkeiten und natürlich auch mehr Geld.
Am Ende landen dann alle in einer großen Fabrikhalle
am Fließband."

„Klingt nach einem sehr sympathischen Menschen",
sagte Rolf Rüdiger zynisch und verzog sein Gesicht zu
einem „Bähhh".

„Er hat es sogar einmal bei mir probiert", antwortete Jessi. „Aber ich bleibe natürlich lieber in einem Familienbetrieb wie bei uns, bei den Schnappers. Da wird meine Leistung geschätzt. Das ist mir wichtiger als die ganzen Versprechungen."

„Hmm, wenn sich einer schon ‚Konstantin **von** Beutel' nennt, dann ist er wahrscheinlich auch ein Schleimbeutel, pfuiwudl. Kann es sein, dass er auch Bäckermeister Alfred ein Angebot gemacht hat? Um an das Rezept der Schnapper zu kommen?", fragte Rolf Rüdiger. In seinem Mund knisterte es erneut.

„Möglich wäre das schon", antwortete Jessi, „aber Alfred würde doch nie …"

Ihr stockte der Atem.

„Was wenn Bäckermeister Alfred dem Beutel-Angebot doch nicht widerstehen konnte? Vielleicht hat er ihn ja dermaßen um den Finger gewickelt, dass er nicht Nein sagen konnte", überlegte Rolf Rüdiger. „Vielleicht war Herr Beutel vom Backhaus ja sogar bei Alfred in der Backstube, hat ihm einen tollen Job im Backhaus versprochen und das Geheimrezept abgeschwatzt."

Jessi starrte ihn an.

„Dann hätte Alfred dem Herrn Beutel wahrscheinlich auch die Mappe und das Rezept gezeigt", grübelte Jessi. „Warum fragen wir Alfred nicht einfach?"

„Wenn Bäckermeister Alfred beteiligt ist, dann würde er es doch bestimmt nicht zugeben", mutmaßte Rolf Rüdiger. „Wir müssen das irgendwie überprüfen. Nur so können wir die Wahrheit ans Licht bringen."

Jessi lutschte an ihrem Coup-Venedig-Löffel. Rolf Rüdiger war mittlerweile bei der Schicht Erdbeersauce des Coup Colosseum angekommen und freute sich schon auf die nächsten Schichten mit Schoko-, Vanille- und Pistazieneis. Sein Gaumen war mittlerweile zu einer Eisplatte gefroren.

„Wenn Bäckermeister Alfred dem Beutelheini die Mappe mit dem Rezept gezeigt hat, dann hat der Typ sie mit seinen Beutelfingern doch sicher auch angegrapscht. Das ist doch eine erste Spur oder? Man müsste also irgendwie an die Mappe kommen und natürlich an die Fingerabdrücke von dem ‚Schleimbeutel'. Dann könnten wir überprüfen, ob auf der Mappe vielleicht seine Fingertapser drauf sind", sinnierte Rolf Rüdiger und versuchte mit der Zunge seinen Gaumen wieder aufzutauen.

„Super Idee", antwortete Jessi. „Ich versuche herauszufinden, wo sich die Mappe befindet."

„Und ich werde mir diesen ‚Schleimbeutel' vorknöpfen und versuchen, an seine Fingerabdrücke zu kommen", antwortete Rolf Rüdiger.

Sie nickten sich aufmunternd zu und schabten die letzten Eisreste aus ihren Schalen. Rolf Rüdiger bestellte noch schnell eine Erdbeermilch und schlürfte sie mit dem Strohhalm in zwei Zügen aus.

„So machen wir das, unauffällig, ganz ‚fischgrät' und im Untergrund! Baba, Jessiline, bis morgen!"

„Ciao, Rolf Rüdiger, yes, yes!"

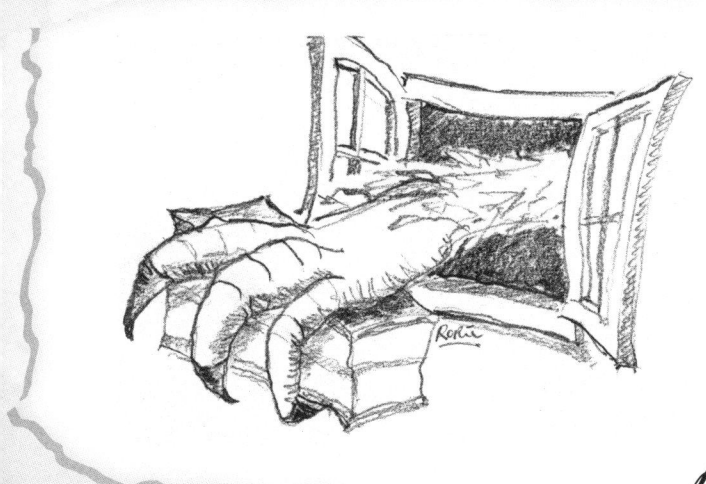

HÖR MAL!

KAPITEL 9: PTEROSAURIER

„Mir kla-kla-klappern schon die Zähne. Jetzt wird's gru-gru... Nein, nichts mit Tauben, hehe. Es wird gruuuselig! Also wenn du ein Angsthase oder eine Angsthäsin bist, lies nicht weiter, hörst du!"

Es klang wie ein hohes Kreischen oder Pfeifen. Rolf Rüdiger spitzte die Ohren und versuchte zu lokalisieren, woher das schrille Geräusch kam. „Kriii! Jiii! Kriii!"

Gänsehaut! Seine Nackenhaare stellten sich auf. Er hielt den Atem an.

Da war es wieder.

„Kriii! Jiii! Kriii!"

Die Dachluke auf Rolf Rüdigers Dachboden stand weit offen. Statt eines Vorhangs hatte er sich mit Klebeband ein dünnes T-Shirt vor die Luke geklebt. Das Shirt war einst sein „Lieblingsshirt" gewesen, aber über die Jahre schon ziemlich löchrig geworden.

„Wegwerfen ist nicht, für dieses megafeine Shirt gibt es doch sicher noch eine Verwendung."

Und so war das T-Shirt als Vorhang vor seiner Dachluke gelandet.

„Kriii! Jiii! Kriii", kreischte es markerschütternd. Diesmal gefolgt von einem unheimlichen „Flap, Flap, Flap".

Das Vorhang-T-Shirt vor der Luke blähte sich auf. Fast wie das Segel eines Segelbootes. Einen Augenblick später fiel es wieder in sich zusammen. Rolf Rüdiger kroch ein Schauer von unten nach oben, vom Popo bis zum Nacken. Er kannte dieses kreischende „Kriii", „Jiii" und das flappende „Flap" nur zu gut.

„Gefahr!", schrie alles in ihm.

„Raubvogel!", plärrte seine innere Stimme.

„Flucht!"

Rolf Rüdiger setzte seine Beine in Trab. Sekunden später galoppierte er schon in vollem Tempo davon. Das unheimliche „Flap, Kriii, Jiiii, Flap …" war ihm aber auf den Fersen und kam immer näher. Zu seinem Entsetzen bemerkte Rolf Rüdiger plötzlich, dass er sich bisher keinen Millimeter bewegt hatte. Wieder startete ein Schauer auf seinem Rücken. Diesmal von oben nach unten.

Ganz langsam neigte er den Kopf zur Seite, bis er seine Dachluke im Blickfeld hatte. Das Vorhang-T-Shirt blähte sich erneut auf und gab den Blick in den Nachthimmel frei.

Dann geschah das Unglaubliche!

Fast wie in Zeitlupe, begleitet von einem einzigen, unheimlichen „Flap", kam die riesige Klaue eines Raubvogels durch die Dachluke herein. Beim nächsten „Flap" konnte Rolf Rüdiger die großen, dunkelbraunen, knöchernen Schwingen erkennen, die bei jedem Flügelschlag dieses gruselige Geräusch erzeugten. „Flap!"

„Nicht bewegen!"

„Nicht einmal atmen", zitterte er.

Rolf Rüdiger kniff die Augen zusammen und starrte durch den Sehschlitz gebannt auf die Dachluke. Der Vogel musste eine enorme Größe haben. Die schwarzen Krallen hatten die Ausmaße eines Pterosauriers aus der Kreidezeit.

Rolf Rüdiger interessierte sich sehr für die Dinos. Die meisten mochte er, aber die großen Flugsaurier jagten ihm eine höllische Angst ein.

„Was zum heiligen Dino, kein Raubvogel, ein Flugsaurier …"

Er konnte seinen Augen kaum trauen. Vor dem schwarzen Nachthimmel zeichnete sich plötzlich eine überdimensionale Cremeschnitte ab, die von der zweiten Klaue festgehalten wurde.

Die Cremeschnitte hatte die Ausmaße eines großen Reisekoffers. Wie bei einer Schraubzwinge gruben sich die kräftigen Krallen des Pterosauriers in das Gebäck. Die oberste Blätterteigschicht splitterte und die knusprigen Teigfetzen kamen wie Geschosse bei der Dachluke herein. Die meisten prasselten in das aufgeblähte Vorhang-T-Shirt-Segel. Einige Teigsplitter rissen dabei neue Löcher in das Shirt und rasselten dann auf den Boden seines Dachbodens. Dicke Batzen der gelblichen Cremeschicht quollen zwischen den Teigschichten hervor, wurden herausgequetscht und platschten auf das Fensterbrett der Dachluke. Rolf Rüdiger zuckte augenblicklich zurück, als ein Spritzer der gelblichen Creme auf seinem rechten Fuß landete. Instinktiv griff er danach, nahm den Klecks mit seinem Finger auf und lutschte ihn ab.

„Pfuiwudl, das schmeckt ja wie drei Jahre alte Blutwurst!"

Nicht dass Rolf Rüdiger wusste, wie drei Jahre alte Blutwurst schmeckt, aber er hasste Blutwurst ganz allgemein und spuckte die Creme in weitem Bogen aus. Zu seiner Verwunderung wurde die Creme aber nicht zu Boden geschleudert, sondern schwebte schwerelos mitten im Raum.

„Kriii! Jiii! Kriii!", kreischte es vor seiner Dachluke. Als die Klauen und die Riesencremeschnitte schon in den Dachboden hineinreichten und der Pterosaurier zur Landung am Fensterbrett ansetzte, wirbelte Rolf Rüdiger herum. Die Bewegung war so heftig, dass er seitlich über die Bettkante hinauspurzelte. Rolf Rüdiger machte ein paar hektische Schwimmbewegungen und fiel wie ein Stein zu Boden. Zu seinem Entsetzen kam er aber nicht unten an, sondern fiel und fiel und fiel … immer tiefer.

„Ahhhh …", schrie Rolf Rüdiger lauthals … und wachte schweißgebadet auf.
Es vergingen ein paar endlos scheinende Sekunden, bevor ihm klar wurde, dass er tatsächlich noch auf seiner Matratze lag.
Sein Atem ging schnell und er schaute mit weit aufgerissenen Augen zur Dachluke. Nichts zu sehen, nur der Nachthimmel.
Stille!

KAPITEL 10: DER PLAN

HÖR MAL!

„Hast du auch noch Gänsehaut? Mir schlottern jedenfalls noch die Knie. Lass uns einen Plan schmieden. Weißt du, wie man Fingerabdrücke sichtbar macht? Wenn nicht, du weißt, was zu tun ist. Ich vertrau dir!"

„Puh, das war aber ein Albtraum der Sonderklasse", dachte Rolf Rüdiger und musste durchschnaufen. Die riesige Cremeschnitte und die scharfen Klauen geisterten noch immer in seinem Kopf herum. Es war gerade einmal drei Uhr Früh.
Rolf Rüdiger war hellwach und an Schlaf war nicht mehr zu denken.

„Na gut, dann nützen wir die Nacht eben, um ein paar Informationen zu sammeln", dachte er scharfsinnig und warf seinen Schleppi-Lappi an.

Er klemmte den Fuß an die Antenne, wartete … und wartete …, bis der alte Computer endlich hochgestartet war. Er tippte „Backhaus" in den Browser und kritzelte die gefundene Adresse mit Bleistift auf ein dickes, gelbes *Telefonbuch* aus dem Jahr 1986, das auf seinem Dachboden herumlag. Er hatte es öfter schon als Sitzgelegenheit benutzt und jetzt kam das Telefonbuch als Notizblock gerade recht.

„Fingerabdrücke sammeln. Hmm, was braucht man denn dazu?"

Nach einer kurzen „Googelei" wusste er Bescheid.

„Okay, ich brauche also einen Fingerabdruck von Konstantin von Beutel, dem Chef der Bäckereikette ‚Backhaus'. Dann muss ein Pulver her, das man auf die Fingerabdrücke pinselt. Dadurch werden die Abdrücke sichtbar. Noch einen durchsichtigen Klebestreifen zum Sichern der Abdrücke, und schon kann ich die Fingerabdrücke mit jenen auf der Mappe vergleichen."

Rolf Rüdiger fühlte sich gerade wie in einem Krimi oder Agententhriller.

„James Bond find ich cool", murmelte er, „aber noch besser sind die alten Krimis. Er tippte „*Miss Marple*" in den Browser. „Ah, da bist du ja, meine beste Detektivin ever!"

Rolf Rüdiger liebte es, wenn die alten Filme mit der scharfsinnigen, älteren Dame und Amateurdetektivin wieder mal im Fernsehen liefen oder er sie streamen konnte. Leider war sein Internet dafür aber meist viel zu schwach.

Wenn er fernsehen wollte, musste er deshalb im wahrsten Sinne des Wortes „fern"sehen. Er besaß nämlich gar keinen eigenen Fernseher. Aber ein altes Fernglas, dass er in einer verstaubten Kiste auf seinem Dachboden gefunden hatte. Eigentlich war es gar kein normales Fernglas, sondern ein Operngucker.

Zum Fernsehen lehnte sich Rolf Rüdiger aus der Dachluke und stellte den Gucker scharf. Im vierten Stock des Nachbarhauses stand der Fernseher genau gegenüber vom Fenster. Durch den ***Operngucker*** fühlte es sich an, als würde er in der letzten Reihe im Kino sitzen.

Die Filme konnte er sich natürlich nicht aussuchen, aber der Besitzer des Fernsehers war offenbar auch ein Fan alter Filme.

„Was würde Miss Marple jetzt wohl machen? Woher würde sie ein feines Pulver bekommen, um die Fingerabdrücke zu nehmen?

Hmm, Mehl könnte eine Lösung sein."

Rolf Rüdiger grübelte vor sich hin.

„Mehl ist weiß, das ist zu hell, da kann man die Abdrücke nicht erkennen. Das Pulver muss schwarz sein."

Eine Wolke gab den leuchtenden Mond frei und sein
Schreibtisch-Brett wurde hell angeleuchtet.

Neben seinem „Lappi" lag das dicke Telefonbuch mit
der Bleistift-Notiz oben drauf.

„Backhaus, Jägerstraße 23"

Jetzt fiel bei ihm der Groschen.

„Eine Bleistiftmine!!! Daraus lässt sich das perfekte
Fingerabdruckpulver herstellen!"

Er rubbelte mit der Fingerkuppe über sein „Ge-
schreibsel" und es ließ sich mühelos verschmieren.

Das schwarze Zeugs von der Mine machte seine
Fingerkuppen kohlrabenschwarz. Rolf Rüdiger
stöberte emsig im Internet und fand heraus, dass die
Bleistiftmine hauptsächlich aus dem Mineral Graphit
bestand.

„Ahh, ein Wiener hat's erfunden. Joseph Hardtmuth,
du bist aber ein schlaues Kerlchen gewesen. Puhh,
ganz schön lange her – 1790." Rolf Rüdiger war erstaunt und las neugierig weiter.

„Hmm, also Graphit mit Wasser und Ton mischen und
brennen, damit hast du schlauer Fuchs den Härtegrad
der Minen verändert."

Rolf Rüdiger besaß jede Menge Bleistifte, Buntstifte
und Wasserfarben. Die schönen Blechschachteln, in
denen die Stifte und Farben normalerweise fein
säuberlich aneinandergereiht waren, mochte er besonders. In seiner Schachtel mit den Stiften herrschte

allerdings eine heillose Unordnung, in der nur er sich zurechtfand. Rolf Rüdiger schnappte sich also zielsicher den weichsten Bleistift mit der Nummer 8B.

„Jetzt muss ich dich nur noch pulverisieren … Hmm, was ist rau auf meinem Dachboden? Woran kann ich die Mine reiben?"

Er griff nach seiner Ferse, die auch manchmal sehr rau war.

„Fehlanzeige, glatt und weich wie ein Rattenbabypopo", kicherte er. „Es muss doch irgendwas Raues oder Scharfes hier geben …"

Plötzlich schoss ihm der zündende Gedanke durch den Kopf.

„Warum in die Ferne schweifen, wenn das Gute liegt so nah", jubelte er. „Ich bin ja schließlich eine Ratte … und hab Zähne!"

Rolf Rüdiger klapperte mit den Beißerchen aufeinander und schnappte sich den Bleistift. Er knabberte mit den scharfen Schneidezähnen auf der Mine herum und hielt sich ein Stück Papier unter die Schnauze, um das Pulver aufzufangen. Langsam bildete sich ein kleines Häufchen des schwarzen Pulvers.

„Ha … haaa … haaaiiii … bitte nicht niesen, nicht jetzt!"

Rolf Rüdiger wollte rasch die Augen schließen, aber seine Pupillen erhaschten gerade noch einen Blick auf das helle Mondlicht.

„Vernäht und zugeflixt … das grelle Licht … keine
Chance …"
„Haaaatschschschii!"
Das schwarze Pulverhäufchen schoss über seinen
„Lappi" hinweg und löste sich in einem Wölkchen auf.
„Na bravo, gut gemacht, na dann halt nochmal von
vorne", schnaubte er.
„Nicht mit mir, Herr Mondlicht!"
Rolf Rüdiger hüpfte von seinem Schaumstoff-Ziegel
und trippelte zu seiner Wäscheleine. Dort klemmte er
eine Socke ab und zwickte sich die *Kluppe* auf die
Nase.
„Autsch", sagte er und verzog das Gesicht.
Sein Autsch klang dabei eher wie ein gequältes
„Nnnntschh".
Er knabberte erneut ein paar Minuten auf der Mine
herum. Die Klammer auf der Nase versperrte ihm
zwar die Sicht auf das Graphithäufchen, aber er
musste wenigstens nicht mehr niesen.
„Das muss reichen …", flüsterte er in Gedanken.
Er faltete das Papier vorsichtig zu einem Briefchen zu-
sammen und schob es in die Hosentasche seiner
Jeans.
Aus der Blechschachtel mit den Wasserfarben
kramte er einen feinen Pinsel hervor und steckte ihn
vorsichtig in die andere Hosentasche. Von seiner
T-Shirt-Vorhang-Dachluken-Aktion besaß Rolf Rüdiger

noch eine Rolle mit durchsichtigem Klebeband, die
musste auch mit. Jetzt hatte er alle Utensilien zum
Abnehmen der Fingerabdrücke beisammen.

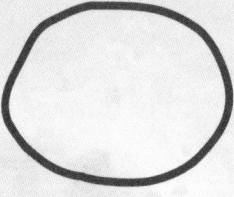

Hier ist Platz für deinen Fingerabdruck!

KAPITEL 11: DIE NACHT–UND–NEBEL–AKTION

„Düdeldü, düdeldü …"

Radiomoderatorin: „… ein Hallo an alle Nacht-
schwärmer da draußen. Kennt ihr eigentlich noch
das Scherz-Gedicht ‚Finster war's, der Mond schien
helle'? Das war mein erstes längeres Gedicht, das
ich schon als Kind auswendig konnte. Bevor ich
dann in der Schule die bedeutenden Balladen und

Gedichte wie ‚Die Bürgschaft' und ‚Die Glocke' von Schiller lernen musste. Oder den ‚Erlkönig' von Goethe, mein Gott ist das lange her. Aber ‚Finster war's, kann ich noch immer. Ihr auch?

‚Finster war's, der Mond schien helle,
als ein Wagen blitzeschnelle,
langsam um die Ecke fuhr.
Drinnen saßen stehend Leute,
schweigend ins Gespräch vertieft,
als ein totgeschossner Hase,
auf der Sandbank Schlittschuh lief ...'"

Die Zentrale des Backhauses in der Jägerstraße 23 befand sich in einem anderen Stadtteil. Wäre es Tag gewesen, hätte Rolf Rüdiger wahrscheinlich die Straßenbahn genommen. Es war aber erst kurz nach drei Uhr in der Nacht und daher musste er einen anderen Weg finden.

Rolf Rüdiger hüpfte behände zu seiner Dachluke hinauf und hopste von dort in die Dachrinne die unterhalb der Luke angebracht war. Er wuselte flink die Rinne entlang und schon stand er vor einem Loch. Ein senkrechtes Rohr führte von der Dachrinne bis ganz nach unten in den Boden.

Im Stil eines Ansagers beim „**Tagada-Karussell**" im Prater flüsterte Rolf Rüdiger theatralisch in den Nachthimmel:

„Alles gut festhalten, auf ein Neues, es geht wieder los, die wilde Fahrt kann beginnen. Hoits´ eich!" Er jumpte mit den Füßen voran in das Rohr.
Sofort nahm er Fahrt auf.
Es fühlte sich an wie in einer Wasserrutsche, nur viel enger und ohne Wasser. Seine Schultern schleiften mal da und mal dort am Rand des engen Rohres. Wenigstens wurde seine wilde Fahrt so ein wenig eingebremst. „Jipiii, tschiipiii ... Vollgas!", schrie er lauthals und das Adrenalin fetzte durch seine Adern. Vor einem harten Aufprall musste sich Rolf Rüdiger aber nicht fürchten. Dort, wo das Rohr in die Erde ragte, wurde es deutlich flacher. Kurz danach kam noch eine Steilkurve nach links und ein paar Meter weiter endete das Rohr über einem großen Wasserbecken. Das Becken lag aber gut und gerne drei Meter tiefer. Dazwischen war ein grobmaschiges Netz gespannt. Fast wie im Zirkus bei einer Trapez- oder Hochseilnummer.
Das Netz sollte Äste oder andere Gegenstände, die durch die Dachrinne gespült wurden, davon abhalten in das Becken zu plumpsen. Aus dem Becken floss das Wasser dann weiter durch das Rohrsystem unter der Stadt.
„3-2-1, Ignition – Zündung!", presste Rolf Rüdiger hervor.
Er war bei der Kompression angekommen. Die G-Kräfte setzten ein, und es drückte ihn dermaßen auf

den Hosenboden, dass ihm fast die Luft wegblieb. Mit einem Affenzahn zischte er um die nächste Kurve. Ein paar Meter entfernt sah er etwas, was ihm gar nicht gefiel.

Eine Nuss hatte es offenbar nicht bis zum Rohrende geschafft und lag jetzt mitten auf seinem Hochgeschwindigkeits-Roller-Coaster.

„Das wird wehtun, aber unvermeidbaaaaa … Auuuuu …", schrie Rolf Rüdiger und ratterte mit seinem Popo über die Nuss.

Er hörte nur ein kurzes Krachen, als die Nuss von seinem Hintern zermalmt wurde, und spürte einen Stich an der linken Pobacke.

Für mehr Gefühle war keine Zeit, denn schon musste er sich auf das große Finale vorbereiten.

Das Rohrende kam mit Hyperspeed näher. Wie ein Sektkorken aus der Flasche wurde Rolf Rüdiger aus dem Rohr katapultiert. „Plopppp!"

„Heute mit Schraube und Saltoooooo …", quietschte er atemlos.

Wie ein Trampolinspringer vollführte Rolf Rüdiger eine Rolle vorwärts, überschlug sich und riss die Arme zur Seite. Dieser Impuls führte zu einer seitlichen Drehung und der angesagten Schraube.

An dieser Stelle des Sprungs verlor Rolf Rüdiger meist völlig die Orientierung … und leider auch seine Körperspannung.

Wie ein nasser Sack plumpste er in das Netz über dem Becken. Das Netz dehnte sich durch sein Gewicht weit nach unten. Je nachdem, wie er landete, berührte am tiefsten Punkt immer ein Körperteil die Wasseroberfläche. Bei seinem heutigen „Salto mortale" war es seine Nasenspitze. Er lag mit der Schnauze nach unten und hatte einen astreinen Bauchfleck hingelegt.

Rolf Rüdiger schüttelte sich einmal kräftig durch, und die Tropfen flogen wie Sprühregen um seine Nase herum.

„Tadaa … Dankeschön, vielen Dank. Zehn Punkte für Rolf Rüdiger", rief er der imaginären, jubelnden Menge zu.

Er kroch rasch aus dem Netz, lief um das Abwasserbecken herum und verschwand in einem Rohr. Sein inneres Navi funktionierte heute bestens. Ein paar Abzweigungen später wurde es heller. Im Abstand von zwanzig bis dreißig Metern drang ein Lichtschein zu ihm herunter. Rolf Rüdiger zählte mit und machte beim dreiundzwanzigsten Lichtschein Halt. Er kletterte auf der Leiter nach oben, schlüpfte ins Freie und stand tatsächlich in der Jägerstraße vor der Hausnummer 23.

„Ich könnte „Underground-Taxler" werden …!", jubelte er.

Die Nummer 23 hatte ein großes, automatisches Einfahrtstor. Über beiden Torflügeln stand in Großbuchstaben „**BACKHAUS**". Er war am Ziel.

Jetzt musste er nur noch das Büro von Konstantin von Beutel finden und irgendwie hineinkommen. Dann einen Fingerabdruck nehmen und schleunigst wieder abhauen. Erwischt zu werden, war das Letzte, was Rolf Rüdiger wollte. So ganz wohl war ihm bei der illegalen Aktion auch nicht. Schließlich galt ja für den Backhaus-Boss die Unschuldsvermutung.

„Einen Blick nur …, ich werf nur einen schnellen Blick …", flüsterte er sich aufmunternd zu.

Und schon war er unter dem Eingangstor durchgeschlüpft und stand im Hof der Backhaus-Zentrale. Er schlich zur Eingangstür, auf der ein goldenes Schild hing.

„Büro 1. Stock"

„Piep, piep, piep!"

Hinter ihm ging plötzlich ein höllisch lautes Piepen los. Rolf Rüdiger wirbelte herum und sah, wie sich das große Eingangstor langsam öffnete.

Zwei grelle Lichtkegel erhellten den Innenhof und ein riesiger LKW rollte langsam durch das Tor. „Müller Mehl", stand auf dem Laster.

„Ich bin auch ein hornloser Hornochse …", pfauchte sich Rolf Rüdiger an. „Natürlich, es ist halb vier Uhr am Morgen. In einer Bäckerei ist das die ganz normale Arbeitszeit."

Er drückte sich so flach wie möglich an die Hausmauer, um nicht gesehen zu werden. Im hinteren Teil des Hofes brannte Licht in einer Halle und es surrte und summte beständig.

„Das muss die Produktionshalle sein, in der die Backhaus-Produkte hergestellt werden", dachte Rolf Rüdiger und beobachtete den LKW, der direkt zur Laderampe fuhr.

„Von dort aus kann mich sicher niemand sehen …", murmelte er zufrieden. Er sah sich verstohlen um und entdeckte einen, etwa einen Meter hohen, rechteckigen Kasten aus Blech. Am oberen Ende des Kastens befand sich ein breiter Schlitz. Rolf Rüdiger wuselte hin und spürte sofort den Luftzug, der aus dem Schlitz kam.

„Das ist meine Chance, das muss die Klimaanlage sein. Durch die Schächte komme ich bestimmt bis in das Büro von Herrn Beutel", dachte er und kletterte lautlos auf den Kasten.

Oben angekommen, setzte er sofort zu einer Art Felgeumschwung an. Seine Pfoten klammerten sich an den Rand des Blechkastens, sein Oberkörper und seine Beine schwangen in hohem Bogen herum. Auf halber Strecke des „Umschwungs" verschwanden seine Beine mit Karacho im Lüftungsschlitz.

„Schon die zweite zirkusreife Aktion heute", dachte Rolf Rüdiger und wähnte sich schon in Sicherheit.

Eine Zehntelsekunde später aber machte es ein stumpfes Geräusch, das wie „Hmpff" klang, und sein Hinterteil blieb mit Karacho in der schmalen Öffnung stecken.

HÖR MAL!

„Echt jetzt …!!! Das darf doch nicht wahr sein. Hab ich etwa doch eine Schnapper zu viel verdrückt?"
Seine Beine baumelten innen lose in dem Aufbau, sein Hintern klemmte im Lüftungsschlitz und sein Oberkörper ragte aus dem blechernen Kasten heraus. Rolf Rüdiger ruckelte wie verrückt herum, aber er konnte sich weder vorwärts noch rückwärts bewegen.
Es half alles nichts.
Rolf Rüdiger steckte fest.

DIE SCHNAPPER!

(мммм...)

KAPITEL 12: DIE LAGE SPITZT SICH ZU

HÖR MAL!

„Düdeldü, düdeldü ..."

Radiomoderator: „Guten Morgen, alle zusammen. Was für ein Tag. In der Gärtnerei Lanzenhofer laufen schon die Vorbereitungen für die große Garten- und Genuss-Ausstellung am kommenden Samstag. Eigentlich sollte der Bäckermeister der berühmten Schnapper-Cremeschnitte heute bei uns zu Gast sein. Aber leider hat uns die Bäckerei Schnapper verständigt, dass Bäckermeister Alfred Korencik kurzfristig verhindert ist. Wir wissen auch

nicht warum! Schade natürlich, ich hätte ihm gerne
das eine oder andere Cremeschnittengeheimnis
entlockt …"

Jessi stand vor ihrem Badezimmerspiegel und
kämmte sich die hellbraunen Haare. In einer Stunde
sperrte die Bäckerei auf. 1000 Gedanken gingen ihr
durch den Kopf.
„Wer hat das Schnapper-Rezept gestohlen? War
Bäckermeister Alfred irgendwie beteiligt? Hat der
Backhaus-Chef Beutel die Mappe in Händen gehabt?
Und wie komme ich an die Mappe, damit wir die
Fingerabdrücke vergleichen können."
Sie steckte sich die Haare zu einem Knoten zusammen
und schaute ihr Spiegelbild fragend an.
„Wird es Rolf Rüdiger wirklich schaffen, die Abdrücke
von Konstantin von Beutel zu ‚besorgen'?"
Ihr Handy surrte zweimal.
**„Frau Jessi, guten Morgen, bitte kommen Sie ins
Büro, bevor Sie das Geschäft aufsperren.
LG, Schnapper."**
Jessi fiel die Kinnlade herunter. Das war noch nie
passiert.
Kein einziges Mal war Jessi bisher ins Büro zitiert
worden. Und vom Chef persönlich hatte sie auch
noch nie eine Nachricht erhalten.

Jessi wurde heiß und kalt gleichzeitig. Es fühlte sich an, als hätte man sie in der Schule vor zur Tafel gerufen. Sie atmete tief durch, zog sich an, trank einen Schluck Kakao und machte sich rasch auf den Weg ins Büro der Bäckerei Schnapper.

„Klopf, klopf …"
„Herein", hörte sie Wilhelm Schnapper rufen.
Sie öffnete die Tür und stand im Büro von Frau Gludowiz.
Am anderen Ende des Raumes war die Doppeltür zu Herrn Schnappers Büro weit offen. Elli Schnapper stand in der Tür und winkte sie mit ernster Miene herein.
Jessi war gespannt, wie es im Chefbüro aussehen würde. Schöne, alte Büromöbel, Schränke, ein kleiner Besprechungstisch, ein Standventilator. Ein aufgeräumter, riesiger Schreibtisch und in der hinteren Ecke, gleich neben dem Fenster … ein Urwald!
„Mensch Meier, das ist mal ein Philodendron", staunte Jessi nicht schlecht. Die Topfpflanze mit den charakteristischen, überdimensionalen Blättern war zu einer Monsterpflanze herangewachsen. Sie reichte fast bis zur Decke. Die Stiele der Pflanze waren dick wie Unterarme und bogen sich unter der Last der dunkelgrünen Blätter. Man hätte gut und gern zwei Sonnenliegen darunterstellen können und schon

könnte man wunderbar im Schatten liegen. Mit Blick aufs Meer wäre das perfekt …

„Guten Morgen, Frau Jessi, danke, dass Sie gekommen sind", sagte Herr Schnapper.

Jessi wurde unsanft aus ihren Sonne-, Meer- und Strand-Gedanken gerissen. „Ich, ähhm … ja, Entschuldigung, da bin ich, guten Morgen", stammelte sie.

Elli legte ihr die Hand auf die Schulter und sagte: „Alles in Ordnung, liebe Jessi, wir müssen dir nur die aktuelle Situation erklären."

Jessi war noch immer nervös, aber die Hand auf ihrer Schulter und Ellis Worte beruhigten sie ein wenig.

„Das Originalrezept der Schnapper-Cremeschnitte wurde aus der Mappe gestohlen", sagte Wilhelm Schnapper und trank einen Schluck Kaffee aus einer blassblauen Tasse. „Aus diesem Grund haben wir uns dazu entschlossen, Bäckermeister Alfred Korencik vorläufig zu beurlauben. Deshalb müssen wir Ihnen auch mitteilen, dass es heute keine Schnapper-Cremeschnitten gibt."

Jessi hielt den Atem an und Herr Schapper fuhr fort. „Bis die Sache geklärt ist, wird Elli die Backstube leiten – mit Gülin und Jakob."

Gülin und Jakob waren die beiden Lehrlinge, denen Alfred das Bäcker- und Konditorhandwerk beibrachte. Mit Gülin hatte Jessi schon öfter geplaudert. Sie war genauso begeistert von den Törtchen, dem Plundergebäck und den Fruchtschnitten wie sie selbst. Von „der Schnapper" sowieso.

Jakob machte sich nicht allzu viel aus süßen Mehlspeisen, er interessierte sich mehr für Brot und Gebäck.

„Alfred suspendiert, keine Schnapper mehr, das ist ja der Hammer. Der arme Alfred! Hmm, aber vielleicht ist ja doch etwas dran, an der Sache mit dem Backhaus", dachte Jessi.

Herr Schnapper seufzte tief durch und saß da wie ein Häufchen Elend.

„Elli und ich müssen jetzt zu unserem Versicherungsvertreter. Es hilft alles nichts, wir müssen den Fall melden. Danach haben wir noch einen Termin beim Veranstalter, der die Wahl zur ,Cremeschnitte des Jahres' am Samstag organisiert. Wir werden wohl absagen müssen!", sagte er traurig.

Elli schaute Jessi mit einem milden Lächeln an. „Das mit Alfred wird sich schon klären. Ich bin sicher, er hat nichts mit dem Verschwinden des Rezeptes zu tun. Da Alfred aber die Rezeptmappe heute nicht abholen kann, musst du sie bitte in die Backstube bringen."

„Die Mappe … die Fingerabdrücke", schoss es Jessi durch den Kopf.

Elli fuhr fort: „Ich habe Gülin und Jakob bereits informiert, dass du vorbeikommst. Für ein paar Backwaren und Mehlspeisen brauchen sie noch die Rezepte.

Aber Schnapper gibt es heute wie gesagt leider keine. Die kann nur Alfred zaubern."

„Seit über hundert Jahren … das erste Mal … keine original Cremeschnitte", schluchzte Wilhelm Schnapper. Dann fasste er sich und sagte zu seiner Schwester: „Du machst bitte die Übergabe … Und Sie, Frau Jessi, bitte passen Sie mir auf die Mappe auf … und danke für Ihre Hilfe."

„Natürlich, Herr Schnapper, ist doch selbstverständlich. Ich passe auf. Soll ich danach die Mappe wieder zurück zu Frau Gludowiz ins Büro bringen?"

Draußen übergab ihr Elli die Mappe, die auf dem Schreibtisch von Frau Gludowiz lag. Sofort fiel Jessi das sechsstellige Zahlenschloss in der Mitte auf. „Ich kann es noch immer nicht fassen. Wer bitte soll denn das Rezept stehlen und warum und wie?"

„Mein Bruder glaubt, dass jemand von der Konkurrenz unsere Originalrezeptur kopieren will. Aber dass ausgerechnet unser Bäckermeister Alfred, der schon so viele Jahre bei uns ist, daran beteiligt sein soll … hmm, ich kann es einfach nicht glauben", antwortete Elli. Jessi schluckte und ihr Herz begann wieder schneller zu pochen. Sollte sie Elli von dem Foto mit Alfred und dem Backhaus-Chef erzählen, das Rolf Rüdiger im Internet entdeckt hatte? Sollte sie ihr von ihrem Plan erzählen, die Fingerabdrücke von Konstantin von

Beutel zu ‚besorgen', um sie dann mit den Fingerabdrücken auf der Mappe zu vergleichen? Jessi kaute
verlegen auf ihrer Unterlippe herum und sagte …
nichts.

„Du bringst die Mappe bitte jetzt in die Backstube
und lässt sie nicht aus den Augen. Gülin und Jakob
brauchen das Rezept für den Heidelbeerkuchen mit
Limetten-Frosting und das **Kamut-Dinkel-Brot.**"
Jessi nickte stumm.

„Wenn sie fertig sind, schließt du die Mappe mit dem
Schloss, bis es ‚klick' macht, und bringst sie wieder
hierher ins Büro zu Frau Gludowiz. Dann kannst du dir
den restlichen Tag freinehmen", sagte ihre Chefin.
Jessi nickte erneut und fühlte sich ein wenig geehrt,
dass gerade sie für diese wichtige Aufgabe ausge-
wählt worden war.

„Danke, du kannst dich auf mich verlassen, Elli", sagte sie und umklammerte die Mappe instinktiv noch
fester.

„Aber eine Frage habe ich noch. Wie kann ich die
Mappe denn eigentlich öffnen?"
Elli griff sich an die Stirn. „Entschuldigung, das Wich-
tigste habe ich vergessen. Also, Jessi, die Mappe hat
ja dieses Zahlenschloss, damit kann man sie natürlich
auch öffnen, aber Willi … also mein Bruder, wollte
ganz sicher gehen. Deshalb hat er dieses topmoderne
‚Smart-Schloss' einbauen lassen. Er kann es mit einer

speziellen App auf seinem Handy von überall öffnen. Sobald du in der Backstube bist, schickst du ihm eine Textnachricht und dreißig Sekunden später schnappt das Schloss auf."

Jessi verabschiedete sich und machte sich auf den Weg in die Backstube. Dazu musste sie ja nur das Gebäude beim Hauptausgang verlassen und einmal um die Ecke zum Seiteneingang gehen. Einen Stock tiefer im Souterrain, befand sich die Backstube, wo Gülin und Jakob schon auf die Rezepte warteten.
„Fingerabdrücke, oh verdammt!"
Jessi blieb stehen und starrte auf die Mappe, die sie noch immer mit ihren Händen umklammerte.
„Mist, jetzt sind ja meine Abdrücke auch noch drauf!", fluchte sie. „Aber ich hab die heilige Mappe, wie cool ist das denn! Ich muss unbedingt Rolf Rüdiger erreichen und ihn fragen, wie ich das mit den Fingerabdrücken anstellen soll. Das ist doch die Gelegenheit!"
Jessi kramte ihr Handy hervor und tippte auf „Kontakte-Favoriten" und dann auf Rolf Rüdiger.
Es läutete.

KAPITEL 13: MISSION FINGERABDRÜCKE

„.... am besten du nimmst jetzt ein schweres, altes, gelbes Telefonbuch oder eine teure Vase in beide Hände und machst ein paar Kniebeugen damit, hehe. Der Speck muss weg!"

Rolf Rüdiger steckte noch immer fest.
Und das schon seit fast zwei Stunden.
So fühlte es sich jedenfalls an. Genau wusste er es nicht, denn er war kurzzeitig einmal eingenickt.

Mehrfach hatte er versucht, sich aus seiner misslichen Lage zu befreien. Er rüttelte und zerrte, kam aber weder vor noch zurück.

Es war aussichtslos. Irgendwann begann er im Kopf alle Titel aus dem Musical „My fair Lady" mit seiner Spucke zu gurgeln.

„… ich hätt´ getanzt heut Nacht,
die ganze Nacht heut' Nacht …"
„… es grünt so grün,
wenn Spaniens Blüten blühen,
… ich glaub, jetzt hat sie's …"

Rolf Rüdiger liebte Eliza Doolittle. Auch wenn es keine offensichtlichen Ähnlichkeiten gab, manchmal erinnerte ihn Jessi an das Blumenmädchen aus dem Film.

Ein weiterer Lieferwagen, diesmal mit Milchpulver, ließ ihn hochschrecken. Wieder bemerkte der Fahrer den kleinen Oberkörper nicht, der da aus dem Lüftungsschlitz des Blechkastens hing. Außerdem war es immer noch ziemlich dunkel, aber nicht mehr lange.

„Ich muss mich aus dieser blöden Situation befreien, und zwar flotti karotti, bevor es ganz hell wird und mich jeder sehen kann. Das wäre ein äußerst vermurkstes Ende meines ‚fischgräten' Undercover-Einsatzes", dachte er.

Rolf Rüdiger wackelte kräftig mit den Beinen. Er drückte mit den Händen nach und verdrehte dabei seinen Oberkörper.

Mittlerweile tat ihm auch sein eingeklemmter Popo schon ganz ordentlich weh.

„… Ice Ice Baby …", hallte es plötzlich in gigantischer Lautstärke über den Hof des Backhauses. Diesmal steckte sein Handy aber nicht in der Schnauze, sondern war tief in seiner Hosentasche eingeklemmt. Durch den hohlen Metallkasten und den Lüftungs-schlitz wurde der Sound sogar extrem verstärkt. Fast wie mit dem Trichter eines alten Grammophons.

„… Ice Ice Baby …", schallte es erneut aus dem Metallkasten. Rolf Rüdiger quetschte seine Hand in die Hosentasche und versuchte das Teil irgendwie herauszuziehen.

„Ahhh, jetzt komm schon, das darf doch nicht wahr sein", murrte er. Rolf Rüdiger zog und zog, presste und drückte.

Dann machte es plötzlich „ratsch" und „trööööt", ge-folgt von einem blechernen „Bongggg".

Das „Ratsch" kam von seiner Hosentasche, die der Länge nach aufriss. Das „Trööööt" kam aus seinem Popo und wurde von dem Kasten zu einem mons-trösen „Trööööööööt" verstärkt und röhrte quer über den Hof. Das „Bongggg" war der Aufprall, als er endlich mit einem Ruck durch den Schlitz rutschte und unsanft auf dem Boden des Kastens landete.

„Upsiii, T'schuldigung für das Putschi ... und autsch, mein armer Hintern", tönte es wie aus einer Blechdose. Endlich! Er war frei!

Gerade noch rechtzeitig vor dem nächsten „... Ice Ice Baby ..." wischte Rolf Rüdiger über sein Handy und hob ab.

„Rolf Rüdiger, danke, dass du abhebst, und sorry für die frühe Störung, aber es ist wichtig", hörte er Jessi sagen.

„Kein Problem, Jessi, ich ... ich bin irgendwie ... eh schon munter. Du hast mich mit deinem Anruf gerade gerettet", antwortete er.

„Du klingst irgendwie so blechern, wo steckst du denn gerade?"

„Blechern trifft es genau, und puhhh ... ich bin froh, dass ich nicht mehr stecke", antwortete Rolf Rüdiger.

„Wie meinst du das?", fragte Jessi nach.

Rolf Rüdiger flüsterte jetzt, um den Hall in seiner Blechdose zu minimieren. „Also, wie soll ich sagen, ich steckte fest, dann machte es ‚ratsch' und jetzt sitz ich hier im Lüftungsschacht vom Backhaus ..."

Er hielt kurz inne und flüsterte dann weiter.

„... jedenfalls werden wir gleich die Fingerabdrücke von Konstantin von Beutel haben ... hoffentlich ...

wenn alles klappt. Mehr musst du jetzt gar nicht
wissen."
Am anderen Ende der Leitung hörte er Jessi durch-
schnaufen.
„Heiliger Kuhmist, wo bist du? Das ist ja sensationell!
Aber sei bitte vorsichtig, hörst du!"
Jessi begann jetzt auch zu flüstern.
„Und übrigens, das trifft sich perfekt, denn ich halte
jetzt gerade, ‚diieee Mmmaaappe' in Händen! Du
musst unbedingt vorbeikommen, dann können wir die
Fingerabdrücke nehmen!"
„Holla, die Waldfee, das ist ja ein Timing, wie ist denn
das gelaufen? Du hast ‚diieee Mmmaaappe'?!", staunte
Rolf Rüdiger nicht schlecht. „Wenn ich hier fertig bin,
wusel ich wie der Blitz zu dir. Wo bist du eigentlich?"
„Ich bin auf dem Weg in die Backstube, eine wilde
Geschichte sag ich dir, aber das erklär ich dir später.
Ich habe die Mappe aber nur für eine Stunde. Du
musst dich also beeilen."
„Ui, das könnte knapp werden Jessi", antwortete Rolf
Rüdiger, „aber ich geb hier Vollgas. Versprochen!"

Ohne auf Jessis Antwort zu warten, legte Rolf Rüdiger
auf und trippelte den quadratischen Lüftungsschacht
entlang.
Nach zehn Metern kam er zur ersten Abzweigung. Er
musste jetzt bereits innerhalb der Hausmauern sein.

Weiter ging es nach links, nach rechts, geradeaus und nach oben. Ein lauwarmer Luftstrom wehte ihm um die Nase.

„Büro 1. Stock", erinnerte sich Rolf Rüdiger, „also ab nach oben!" Er spreizte sich mit Händen und Füßen in den Schacht und kletterte behände senkrecht nach oben. Nach drei Metern kam er zur nächsten Abzweigung. Wieder teilte sich der Schacht nach oben, nach rechts, nach links und geradeaus.

„Wo ist das Beutel-Büro?", murmelte er leise. „Probieren wir es doch mit … hmmm …"

Rolf Rüdiger war unentschlossen.

„Okay, dann versuchen wir es doch mit Auszählen:

„Eine kleine schlaue Ratte, lachte aus die alte Katze, klaute ihr den guten Speck … und du bist weg."

Links war also schon mal raus. Blieben noch geradeaus und rechts.

„Ene mene muh und raus bist du." Sein Finger zeigte geradeaus. „Okay, also ab nach rechts!"

Er trippelte los und musste gleich wieder stoppen. Sein Getrappel klang in dem Lüftungsschacht wie der Hagelschauer auf einem Blechdach. „Ich muss deutlich leiser werden, sonst hört mich noch jemand", dachte er. „Hätte mir auch nie gedacht, dass ich mir mal wünschen würde, eine Katze zu sein und die Krallen einziehen zu können. Hilft nix, ich kann's nicht, also muss ich anders schleichen."

Er legte sich flach auf den Bauch und robbte durch den Schacht. Das war zwar fast lautlos, aber auch viel langsamer.

„Besser, als entdeckt zu werden", dachte er und zog sich mit den Armen durch den dunklen Schacht. In zwei Meter Entfernung konnte er am Boden ein Gitter erkennen.

„Das muss das Lüftungsgitter in einem Büro sein", vermutete er. „Mal sehen, ob heute mein Glückstag ist."

Er robbte bis vor zur Kante, lugte über den Gitterrand und sah einen Büroraum unter sich. Am Schreibtisch saß eine Frau und tippte in den Computer. Im Radio lief Musik. Die Tür ging auf und ein Mann in einem viel zu engen Anzug kam herein. Sein Bauch stand ein wenig hervor. Die Nase des Mannes konnte man durchaus als groß bezeichnen. Am Kopf hatte er zwar noch ein paar Haare, aber von oben konnte man deutlich die glänzende Glatze sehen. Der Mann trug einen kleinen Papiersack in der Hand.

Rolf Rüdiger hielt den Atem an, beobachtete und lauschte gespannt.

Die Glatze ging zum Schreibtisch und begrüßte die Frau mit einem schlichten „N' Morgen".

Rolf Rüdiger sah nur den Oberkörper der Frau. Der Kopf war durch eine Strebe des Lüftungsgitters verdeckt.

„Steht der Termin mit Frau Sauer-Regen, von der Exo-Frucht GmbH?", fragte die Glatze.

„Ja, der Termin ist bestätigt, 9.30 Uhr."

„Sauer-Regen, hihi …", Rolf Rüdiger musste leise kichern. „So möchte ich auch nicht heißen. Und dann noch als Doppelnamen. „Sauer-Regen!"

„Da kann sie sich ja gleich ‚Frau Pfeifaufs-Klima' nennen."

Er beobachtete, wie der Mann eine Tür neben dem Schreibtisch öffnete und in dem Raum dahinter verschwand.

„Und Herr von Beutel, Sie haben dann noch einen Termin in unserem Geschmacksverstärker-Labor", rief ihm die Frau nach.

„Pfeifaufsklima-Jössas!", schoss es Rolf Rüdiger durch den Kopf. „Beutel! Hat die Frau den Mann gerade ‚Herr von Beutel' genannt?"

KAPITEL 14: DIE AKTE GL

„Düdeldü, düdeldü …"

Radiomoderator: „Heute gibt es einen
Klima- und einen Ernährungsschwerpunkt
bei uns. Bei Greta, unserer Klimaredak-
teurin, geht es um unseren ganz persön-
lichen CO_2-Fußabdruck und in den
Ernährungstipps dreht sich heute alles um Ge-
schmacksverstärker. Wo sie überall drinnen sind
und wie wir sie am besten vermeiden können."

HÖR MAL!

„Stellen Sie das Radio ab, das kann sich ja keiner anhören", brüllte der Glatzenmann aus seinem Büro."
Rolf Rüdiger robbte lautlos über das Gitter bis zum nächsten Lichtschein im Schacht. Das musste das Lüftungsgitter zum Büro von Konstantin von Beutel sein. Er hatte es gefunden.

„Volltreffer!", jubelte er. In Gedanken machte er einen Torjubel nach, wie er bei Christiano Ronaldo nicht schöner hätte klingen können. Er kroch an die Kante und spähte hinunter. Direkt unter ihm saß die Beutel-Glatze an einem riesigen Schreibtisch. „Kein Wunder, mein Freund, dass du eine Glatze hast. Sitzt ja direkt im Zug der Klimaanlage", dachte er.

Die Glatze von Herrn Beutel sah von oben noch viel größer aus. Die hervorspringende Nase auch. Rolf Rüdiger konnte praktisch nur Glatze und diesen gewaltigen Zinken sehen.

„Wenn ich jetzt einen kleinen Tropfen Spucke rauslaufen lassen würde … und die Spucke würde nach unten tropfen … Ich glaube, hihi, sie würde dir genau oben drauf platschen."

Er musste kichern, verwarf den Gedanken aber sofort wieder. „Her mit deinen Fingerabdrücken, du Beutel … Aber wie?"

Unten stellte Konstantin von Beutel den kleinen Papiersack auf seinen Schreibtisch und nahm eine

schlaffe Topfengolatsche und einen weißen Pappbecher mit Deckel heraus. Er setzte den Becher an
und schlürfte.

„Oh, ah, schon wieder zu heiß, viiiel zu heiß … ohhh,
ahhh …"

Herr Beutel hatte sich ordentlich verbrannt, begann
zu hecheln und stellte den Becher wieder auf den
Schreibtisch. Der Becher landete aber nur halb auf
der Tischplatte, die andere Hälfte schwebte gefährlich
über der Schreibtischkante.

Rolf Rüdiger starrte gebannt auf den Becher, der jetzt
wie in Zeitlupe zu kippen begann. Er kippte … und
kippte … bekam Übergewicht … und stürzte schließlich ab. Wohin er fiel, konnte Rolf Rüdiger nicht sehen.
Er vermutete aber, dass der Becher ziemlich genau im
Schritt von Herrn Beutel gelandet sein musste.

„Ahh …", schrie Konstantin von Beutel und sprang
wie von der Tarantel gestochen auf. Die braune,
offensichtlich extrem heiße Flüssigkeit hatte auf seiner
Hose und seinem Hemd einen großen, dampfenden
Fleck hinterlassen. Herr Beutel wachelte mit der Hand
vor seinem Hosenstall herum. Fast musste Rolf
Rüdiger in seinem „Hochsitz-Versteck" laut loslachen.
Es sah schon extrem witzig aus, wie der Backhaus-
Chef hinter seinem Schreibtisch stand, hektische
Handbewegungen vor seiner Hose macht und „Ohhh,
ahhh … heiß!" stöhnte.

Die Frau aus dem anderen Zimmer kam herein. „Was ist denn passiert, Herr von Beutel", fragte sie aufgeregt.

„Blöder Kaffee, viel zu heiß, riesiger Fleck … mein Termin! So kann ich da nicht hingehen!", fluchte er.

„Ich muss sofort ins Badezimmer und den Fleck herauswaschen."

Er hob den halbleeren Becher auf, knallte ihn auf den Schreibtisch und rauschte Richtung Tür.

„Kann ich helfen", rief ihm die Frau nach.

„Unterstehen Sie sich", brüllte Herr Beutel zurück.

Die Frau verschwand kurz aus dem Büro und kam mit einem Haufen Küchenpapier in der Hand zurück. Sie wischte den verschütteten Kaffee auf, blickte sich noch einmal um, verließ mit einem Kopfschütteln das Büro und schloss die Tür hinter sich.

Stille.

„Na das war ja eine Kinovorstellung der Sonderklasse! ‚And the Oscar goes to' … Von und zu Schleimbeutel!", dachte Rolf Rüdiger.

Unten im Büro rührte sich noch immer nichts.

„Der Becher! Das ist die Gelegenheit, um an Fingerabdrücke von Herrn Beutel zu kommen."

Jetzt musste alles ganz schnell gehen. Rolf Rüdiger hob das Lüftungsgitter vorsichtig an und schob es zur

Seite. „Ich könnte einfach runterhüpfen … Ähm, aber nicht mehr raufkommen. Hmm, keine gute Idee also! Eine Art Angel muss her, und zwar flott."

Er sah an sich herunter und entdeckte die aufgerissene Hosentasche. Ein paar Fäden des Stoffes hingen lose herum. „Angelschnur – Check!", murmelte er.

Er zog an einem Faden und konnte mit seinen geschickten Fingern tatsächlich ein langes Stück herauslösen.

„Jetzt noch einen Haken. Wo zum Kuckucksei bekomme ich jetzt einen Haken her?"

Dann kam ihm die zündende Idee.

„Mein Ohrring!"

Rolf Rüdiger nahm seinen Ohrschmuck ab und knotete ein Ende des Fadens daran. Der runde Ohrring war gerade so weit geöffnet, dass man das Ende irgendwo einhaken konnte. Er ließ seine Angel-Konstruktion ein wenig baumeln und schaute hinunter zum Schreibtisch.

„Der Becher hat einen Deckel, der Deckel einen Trinkschlitz … perfekt! Dort muss der Haken hinein. Das muss einfach klappen!"

Langsam ließ er seine Angel „Marke Eigenbau" hinunter. Dabei musste er behutsam vorgehen und seine Hand ganz ruhig halten, sonst geriet die Schnur zu sehr ins Schwingen. Ein paar Sekunden später baumelte der Ohrring genau über dem Becher. Jetzt

begann Rolf Rüdiger, die Angelschnur absichtlich in Schwingung zu versetzen. Schon beim zweiten Versuch hakte sich der Ring in den Trinkschlitz ein.

„Geschafft, beim nächsten Prater-Besuch muss ich unbedingt so ein Angelspiel probieren. Ich bin ja der geborene Angler", triumphierte Rolf Rüdiger und wollte den Becher schon rasch hochziehen.

„Ups, da ist ja noch Kaffee drinnen!", schoss es ihm durch den Kopf. „Wenn durch das Gewicht jetzt der Deckel abgeht, dann ist alles vorbei."

Also zog er extrem vorsichtig an der Leine und der Becher hob langsam ab. Der Deckel hielt zwar, aber das ganze Angelgespann samt Ohrring, Becher und Angelschnur begann sofort zu trudeln.

„Bitte, lieber Deckel, bleib drauf!", zischte Rolf Rüdiger und schaute dem Karussell gebannt zu. Je kürzer die Leine wurde, desto besser konnte er die Rotation stabilisieren. Ein paar Sekunden später „holte er seinen Fisch an Land".

Um nur ja keine Fingerabdrücke zu verwischen, griff er vorsichtig von oben auf den Deckel und stellte den Becher ab.

Die Zeit drängte. Niemand konnte wissen, wie lange der Beutel für das Putzen seiner Hose benötigen würde.

„Lass dir ruhig Zeit beim Hose-Ausbeuteln …", beschwor Rolf Rüdiger den Chef des Backhauses.

Er fischte das Briefchen mit dem abgenagten Graphitstaub, den Pinsel und das durchsichtige Klebeband aus seiner Hose. Behutsam tunkte Rolf Rüdiger den Pinsel in das schwarze Pulver und trug es vorsichtig auf die Außenwand des Pappbechers auf.

„Es funktioniert. Das ist ja perfekt!", jubelte er. Auf dem weißen Pappbecher zeichneten sich die Umrisse eines Fingerabdruckes ab. Das schwarze Pulver blieb am Schweiß haften, den die Fingerkuppen von Herrn Beutel hinterlassen hatten. Vorsichtig riss er ein kleines Stück Klebestreifen ab und klebte es über die schwarzen Linien des Abdruckes. Dann zog er den Klebestreifen ab und klebte ihn auf sein Papierbriefchen. Der Abdruck der Finger von Herrn Beutel war deutlich zu erkennen.

„Abdruck gesichert! Schnell verstaute er seine Utensilien, pustete die Reste des Graphitstaubes vom Becher und ließ ihn langsam wieder in das Büro hinunter. Noch dreißig Zentimeter und der weiße Becher würde wieder auf dem Schreibtisch stehen, als wäre nichts geschehen.

Dann rumpelte es plötzlich. Die Tür zum Büro wurde ausgerissen und Konstantin von Beutel stapfte herein. „Verflixt und aufgetrennt, falscher Zeitpunkt, du Beutel."

Rolf Rüdiger riss instinktiv an der Angelschnur und der Becher schnellte in hohem Bogen nach oben. Er streckte die Hand aus, bekam ihn gerade so zu fassen und zog ihn zurück in sein Versteck im Lüftungsschacht. Aus dem Trinkschlitz quoll ein wenig Kaffee.

Unten war Herr Beutel noch immer mit seiner Hose beschäftigt. Der nasse Fleck auf seinem Hemd und im Schritt war noch viel größer als zuvor. Er reichte mittlerweile vom Bauchnabel bis fast zu den Knien.

Rolf Rüdiger hielt den Atem an.

Herr Beutel setzte sich wieder an seinen Schreibtisch. Von dem Loch in der Decke und der „Kaffee-Angel" hatte er offenbar nichts bemerkt.

„Wo ist mein Kaffee?", brüllte er.

„Steht auf dem Tisch, Herr Beutel", antwortete die Frau von draußen.

„Hier steht kein Kaffee", knurrte er zurück. „Da war noch was drinnen, und Sie haben ihn weggeworfen." Die Frau kam herein und blieb mitten im Raum stehen.

„Der Becher steht doch noch auf Ihrem Schreib…"

„Aber Sie sehen ja, hier ist kein Kaffee. Also bringen Sie mir einen neuen und dann auch gleich die Akte GL!", unterbrach er sie.

„Natürlich kommt sofort, Herr von Beutel, Kaffee und die Akte GL!"

Ein paar Augenblicke später war die Frau auch schon wieder da und legte einen Ordner mit der Aufschrift „GL" auf den Schreibtisch.

„Kaffee kommt sofort frisch", sagte sie eifrig.

Rolf Rüdiger zwickte die Augen zusammen, um besser sehen zu können. Auf dem Ordner klebte ein gelber Zettel und darauf stand:

„Heute! 1900 Oper."

Rolf Rüdiger wurde schwindlig.

Erst jetzt bemerkte er, dass er noch immer die Luft anhielt.

Mit einem lauten „Puhhh…" schoss der angehaltene Atem aus seiner Schnauze, gefolgt von einem tiefen Einatmen. „Hhhhhhh …"

Herr Beutel fuhr herum und blickte nach links und nach rechts. Zu Rolf Rüdigers Überraschung schaute er auch unter seinem Schreibtisch nach.

„Bevor du die Orientierung wiederfindest … und nach oben schaust … bin ich weg!"

Rolf Rüdiger starrte erst auf die Beutel-Glatze und dann auf den Kaffeebecher neben sich. Er schüttelte den Kopf und warf jede Vorsicht über Bord. Schnell fädelte er seinen Ohrring aus der Schnur und ließ den Becher einfach stehen. Sein Puls war auf vierhundertachtzig. Er drehte sich um und sprintete einfach los. Wieder klang es, als würde ein Hagelschauer auf ein Blechdach prasseln, aber das war Rolf Rüdiger egal.

Er wollte nur so schnell wie möglich raus.

Raus aus dem Backhaus.

Was er nicht mehr sehen konnte, war, dass der Becher hinter ihm, durch die Erschütterungen, kräftig zu wackeln begann. Er schlingerte in Richtung Abgrund und etwas Kaffee schwappte aus dem Trinkschlitz. Der Becher neigte sich gefährlich … bekam Übergewicht …

und dann fiel er!

KAPITEL 15: KAROTTENBALLETT

„Lustiger Titel findest du nicht? Ich mag ja beides. Karotten und Ballett. Wenn du wissen willst, was beides zusammen bedeutet, dann lies schnell weiter oder schau ganz hinten im Verzeichnis unter K wie Karotte nach. Na klar, du kannst auch den Code scannen, aber das brauch ich dir ja nicht zu sagen."

Zum zweiten Mal an diesem Morgen war Rolf Rüdiger total nass geschwitzt. Das erste Mal nach seinem Albtraum mit der Riesencremeschnitte und jetzt wieder. Er sprintete schon seit zehn Minuten, unter dem Gehsteig, durch die Rohre in Richtung Bäckerei Schnapper. Irgendwann musste er aber doch nach oben, um sich ein wenig zu orientieren. Rolf Rüdiger kletterte flink eine Leiter hinauf und spähte gespannt auf die Straße.

„Na bitte, die Richtung stimmt, aber die Bäckerei ist noch gut einen Kilometer entfernt."

Plötzlich rauschte ein großer Schatten von links heran. Zwei Räder und ein riesiger Aufbau in Orange schoben sich genau vor seinen Ausguck.

Zwei Männer in orangefarbenen Overalls kletterten aus dem LKW und verschwanden aus seinem Blickfeld.

„Sehr gut, ihr kommt wie immer genau zur rechten Zeit", dachte er und wartete auf den besten Zeitpunkt aufzuspringen. Die Müllmänner karrten mit lautem Quietschen und Scheppern zwei schwarze Mülltonnen herbei und spannten sie hinten an den Müllwagen. Der eine Müllmann betätigte einen Hebel und die Hydraulik hievte die beiden Mülltonnen mit lautem Gepolter hoch.

Nachdem die orangefarbenen Männer die Tonnen im großen Schlund des Müllwagens geleert hatten, setzte sich der Müllwagen wieder in Bewegung. „Perfekte ‚Choreo', liebes **Karottenballett**!", freute sich Rolf Rüdiger. Geschwind machte er einen Satz auf die Straße und versteckte sich hinten auf einem Trittbrett. Er atmete tief durch und reckte seinen Kopf in den kühlen Fahrtwind. Etwas weiter vorne kam auch schon der kleine Vorplatz mit der vergoldeten Bronzestatue. Der goldene Mann hatte eine Geige unter dem Kinn eingeklemmt und hielt mit der anderen Hand den Bogen über das Instrument.

„Guten Morgen, mein lieber **Johann Strauß**", murmelte Rolf Rüdiger, auf dir hab ich auch schon mal übernachtet. Wilde Nacht … Schnurrr …"

Zwei Häuser weiter konnte er schon das Schild erkennen.

„BÄCKEREI SCHNAPPER"

Rolf Rüdiger wartete einen günstigen Moment ab, hüpfte von seinem Trittbrett und versteckte sich hinter einem parkenden Auto. Er holte sein Handy heraus und tippte eine Textnachricht an Jessi.

„Bin da, wo bist du?"
Bling
„Bin auch da, wo bist du?", kam sofort die Antwort.
Bling
„Vor der Backstube, wie komme ich rein?"
Bling

„Finster in der Seitentasse"

Bling

Rolf Rüdiger schaute verdutzt.

Bling

**„Sorry, Autokorrektur. Fenster in der Seiten-
gasse😄"**

Rolf Rüdiger grinste, wuselte über den Gehsteig und
um die Ecke in die Seitengasse. Eines der Fenster
stand tatsächlich einen Spalt offen. Als Rolf Rüdiger
näher kam, wusste er, dass er richtig war. Er atmete tief
durch und ein wahres Glücksgefühl durchströmte ihn.

„Ich glaub in meinem nächsten Leben werde ich
‚Chef-Riecher' für Bäckereien."

Aus dem Fensterspalt strömte ihm ein einzigartiger,
lauwarmer Geruch entgegen.

Es roch nach Hefeteig.

Es roch nach krustigem, frischem Brot.

Es roch nach köstlichen, fettigen Croissants.

Es roch nach Marzipan und es roch nach Zuckerguss.

All diese Gerüche zusammen ergaben eine duftende
Symphonie von epochalem Ausmaß. Rolf Rüdiger
hielt kurz inne und legte eine formschöne Pirouette
aufs Parkett.

„Ich könnte mich in dem Duft noch ewig baden.
Damit müsste man ein Parfüm erfinden!

„Backo-*Chanel No.1* – hehe!

Konzentration, Rolf Rüdiger, Konzentration!"

Er verwarf seine neue Geschäftsidee und schlüpfte vorsichtig in den Fensterspalt. Im vorderen Teil der Backstube standen zwei rumpelnde Teigmaschinen. Daneben waren Regale an der Wand angebracht und in der Mitte des Raumes stand ein Tisch mit einer großen Arbeitsfläche aus silberglänzendem *Nirosta*.

Auf einem Gestänge über der Arbeitsfläche hingen unzählige Küchengeräte. Messer, Pfannenwender, Schöpflöffel, Spritzsäcke mit Sterntüllen und große Spachteln baumelten im Luftzug leicht hin und her. Weiter hinten reihten sich zwei große Backöfen aneinander. Daneben stand ein junger Mann mit Bäckermütze und beförderte knusprig gebackene Brote in geflochtene Körbchen.

Rolf Rüdiger hörte auch jemanden summen, konnte die Person aber nicht sehen.

„Das müssen Jakob und Gülin, die Bäckereilehrlinge, sein", dachte er und blickte sich um. Gegenüber war eine große Glasscheibe in der Wand und dahinter stand Jessi und strahlte ihn an. Sie winkte ihn herbei und deutete nach rechts zu Jakob und Gülin. Dabei legte sie den Zeigefinger auf ihren Mund und formte ein „Pssst!".

Ein kleiner Hopser vom Fenster, ein kurzer Sprint an den Teigmaschinen vorbei, ein Slalom unter den Beinen der Nirosta-Arbeitsfläche durch und schon

stand Rolf Rüdiger neben Jessi. Das musste das Büro von Bäckermeister Alfred sein.

„Hallo Jessi, alles perfekt gelaufen", prustete er heraus.

„Nicht so laut, Rolf Rüdiger, Jakob und Gülin dürfen dich hier nicht sehen", flüsterte sie.

Wo ist Alfred und warum hast du die Mappe?", fragte er neugierig.

„Alfred wurde beurlaubt, bis die Sache mit dem verschwundenen Rezept geklärt ist", raunte Jessi und erzählte ihm die ganze Geschichte.

„Das Gute daran ist, wir können jetzt die Fingerabdrücke von der Mappe nehmen und schauen, ob der Beutel wirklich an der Mappe herumhantiert hat. Vielleicht hat er ja unseren Bäckermeister Alfred irgendwie überredet, ihm das Rezept zu zeigen? Und noch was, RoRü, stell dir vor, es gibt heute zum ersten Mal … also wirklich zum ersten Mal … keine Schnapper!"

Rolf Rüdiger traute seinen Ohren nicht.

„KEINE SCHNAPPER?!", schnaufte er verzweifelt.

„Dann lass uns sofort loslegen und den Fall endlich aufklären, ich will ‚meine Schnapper' zurück!"

Da lag sie also, die Mappe. Mitten auf dem Schreibtisch von Bäckermeister Alfred … und sie war offen. Wie vereinbart hatte Jessi Herrn Schnapper eine Textnachricht gesendet. Sekunden später knirschte das

Schloss, knackte einmal kurz und sprang dann mit einem „Klick" auf.

Rolf Rüdiger kramte das Briefchen mit dem schwarzen Pulver aus seiner Latzhose. Darauf klebte bereits der Streifen mit den Fingerabdrücken vom „Backhaus-Beutel." Er öffnete das Briefchen, nahm seinen Pinsel und tupfte ihn in den Graphitstaub. Vorsichtig strich er die Stellen ein, an denen die Mappe schon etwas abgegriffen war.

Vier vollständige Abdrücke konnte Rolf Rüdiger mit dem Klebestreifen konservieren.

„Das wäre geschafft, jetzt noch deine."

„Meine was?" Jessi schaute ihn fragend an.

„Na, deine Fingerabrücke, du hast die Mappe ja schließlich auch gerade in der Hand gehabt. Ich muss sie doch vergleichen können!"

Jessi klatschte sich auf die Stirn. „Natürlich, ich Depp. Du bist ja wirklich ein Experte in Daktyloskopie", antwortete sie prompt.

„Datschgerlyyyy … was?"

„Daktyloskopie, Rolf Rüdiger, das Untersuchen von Fingerabdrücken", hauchte sie ihm zu. „Das erste biometrische Erkennungsverfahren. Wurde schon vor hundert Jahren erfunden. Das Grundhandwerk der Detektive und Agenten."

Rolf Rüdiger strahlte Jessi an, als hätte sie gerade den Nobelpreis gewonnen. „Sooo g´scheit, wie du bist ...", antwortete er voll Bewunderung und spürte ein leichtes Pochen an seinem Hals. „Also her mit deinen Pfoten."

Er schnappte sich Jessis Hand und pinselte schwarzes Pulver auf ihren Daumen.

„So was von weichem Gepföt wie du hast ...", murmelte er und wieder pochte es, diesmal in seiner Brust.

„Hihihi ...", kicherte Jessi.

Das Pinseln verursachte ein leichtes Kitzeln auf ihrem Daumen. Sie presste sich die flache Hand vor den Mund und schaute Rolf Rüdiger beim Pinseln zu.

„Klebestreifen drauf und fertig, Jessilinchen", flüsterte er. „Jetzt brauchen wir noch die Abdrücke von Alfred, Frau Gludowiz und Herrn Schnapper zum Vergleichen."

„Da steht das Wasserglas von Alfred", antwortete Jessi.

Rolf Rüdiger schnappte sich das Glas, pinselte das Pulver drauf und fand sofort zwei ordentliche Fingerabdrücke.

Jessi war beeindruckt, wie schnell das mittlerweile ging.

„Oben im Büro kann ich auf dem Schreibtisch von Frau Gludowiz bestimmt was Passendes mit ihren Fingerabdrücken finden.

Und in der Kaffeeküche steht sicher noch die hellblaue Tasse von Herrn Schnapper. Aus der hat er heute in der Früh getrunken."

Rolf Rüdiger übergab ihr den Pinsel und leerte den restlichen Graphitstaub auf ein Blatt Papier. Jessi faltete es und steckte es samt Pinsel in ihre Tasche.

„Du weißt ja jetzt, wie es geht, und kannst die Finger-tapser dann am Abend bei mir vorbeibringen", hauchte er ihr zu.

„Wie bist du überhaupt an die Fingerabdrücke von Herrn Beutel gekommen?"

„Frau Jessiiii!?", tönte es aus dem hinteren Teil der Backstube.

Rolf Rüdiger zuckte zusammen und sah Gülin auf das Büro zukommen. Für seine Detektivgeschichte blieb keine Zeit mehr.

„Schnell unter den Tisch", zischte ihn Jessi an.

Gülin kam herein, stellte sich neben Jessi vor den Schreibtisch.

„Frau Jessi, ich müsste noch einen Blick auf das Re-zept von dem ‚Limetten-Frosting' werfen, bitte."

„Natürlich, Gülin, und bitte sag einfach Jessi zu mir."

Rolf Rüdiger kauerte unter dem Tisch und sah nur vier Kniescheiben. Jetzt gesellte sich eine Hand dazu. Die Hand fuchtelte wild herum und deutete in Richtung des offenen Fensters, durch das er hereingekommen war.

„Ahh, ich soll abhauen, ein Winke-Winke mit dem Zaunpfahl!

Alles klar … und Baba!"

Rolf Rüdiger flitzte zwischen Gülins Beinen hindurch und raste wieder im Slalom an den Tischbeinen der Arbeitsplatte vorbei. Er war so schnell unterwegs, dass er beinahe in eine der beiden Rührmaschinen geknallt wäre.

„Vollbremsung!"

Rolf Rüdiger katapultierte sich mit einem riesigen Satz auf das Regal an der Wand. Von dort war es nur mehr ein kleiner Hüpfer hinauf zum offenen Fenster.

Und schon war er weg.

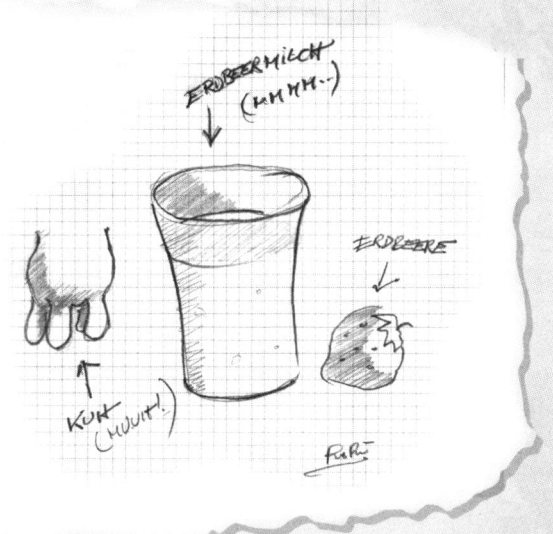

KAPITEL 16:
ERDBEERMILCH MIT EIS

„Düdeldü, düdeldü ..."

Radiomoderatorin: „Hallo, meine Lieben, auch am Wochenende soll es ja heiß bleiben, deshalb gibt es schon heute einen köstlichen Tipp zur Abkühlung von mir. Ich glaube auch unsere Lieblingsratte, unser Moderatorenkollege Rolf Rüdiger, würde sie lieben, ... die ..., aber das verrate ich euch gleich nach dem passenden Oldie und Superhit von den Beatles: ‚Strawberry Fields Forever' ..."

„Plitsch, platsch … plitsch … plitsch, platsch …"
Rolf Rüdiger lag eingerollt in seiner Duschtasse. Wobei es sich dabei um ein aufblasbares Mini-Kinderpool in Form eines weißen Schwans handelte. Das Pool hatte er vor ein paar Wochen in einem vermorschten Kasten auf seinem Dachboden gefunden. Als er es das erste Mal aufgeblasen hatte, entwich die Luft aus einem kleinen Riss sofort wieder. Rolf Rüdiger hatte ihn einfach mit einem Pflaster zugeklebt und das Mini-Schwan-Pool zu seiner Duschtasse umfunktioniert. Auch seine Dusche war eine Spezialkonstruktion. Eigentlich war es ja nur ein normales Wasserrohr, das einen Meter über dem Boden ein großes Rostloch hatte. Rolf Rüdiger hatte kurzerhand einen langen Schlauch mit Tape daran befestigt. Jetzt tropfte das Wasser permanent in den Schlauch und füllte ihn. Den Schlauch hatte er kreuz und quer über die Dachbalken gespannt, und das Schlauchende hing genau über seinem Mini-Schwan-Pool. Zugestöpselt war es mit einem Kaugummi. Wenn er duschen wollte, zog er den Kaugummi raus und steckte den Kopf einer alten Gießkanne als Duschkopf hinein. Schon war seine luxuriöse Regenwalddusche in Betrieb. Leider war der Kaugummi aber schon etwas älter und ziemlich ausgelutscht. Er hielt einfach nicht mehr dicht.
„Plitsch, platsch … plitsch … plitsch, platsch …"
Die Tropfen klatschten rhythmisch auf seine Nase.

Mittlerweile war sein Mini-Pool schon halbvoll mit Wasser.

Er war heute Morgen offensichtlich todmüde heimgekommen. Erst der fürchterliche Cremeschnitten-Albtraum, dann die nervenaufreibende Angel-Action im Lüftungsschacht des Backhauses und die abrupte Flucht, um nicht entdeckt zu werden. Danach die Fahrt mit dem Karottenballett und zu guter Letzt noch die Aufregung um die Fingerabdrücke auf der Mappe bei Jessi in der Backstube. Er hatte es gerade noch geschafft, seine Detektiv-Utensilien auf die Schreibtischplatte zu legen, in seinem „Bad" einen Schluck Wasser aus dem Schlauch zu trinken und dann ...

Rolf Rüdiger war an Ort und Stelle tief und fest eingeschlafen. Jetzt lag er da in seinem Schwan-Pool und schleckte sich im Schlaf mit der Zunge über die nasse Nase.

„Plitsch ... schleck, platsch ... schleck ..."

Er schnarchte kurz und laut. „Hhhhrrrchhhh..."

Nach einem besonders lauten Schnarcher schreckte er auf und rief:

„Ohayo Gozaimas!"

Rolf Rüdiger sah aus wie eine begossene Ratte. Aber nur wie eine halb begossene Ratte. Weil er seitlich zusammengerollt im Schwan-Pool gelegen war, war die eine Körperseite pitschnass und die andere staubtrocken.

Nur seine Nase war völlig durchnässt … und sie tropfte.

„Hhhhaatschi … hab ich gerade ‚Ohayo Gozaimas' gesagt", wunderte er sich. „Seit wann weiß ich denn, was ‚Guten Morgen' auf Japanisch heißt?"

„Plitsch … platsch …"

Es tropfte weiter unaufhörlich aus dem Schlauch.

„Irgendwo hab ich doch noch einen Ersatzkaugummi versteckt."

Er trippelte zu seiner Schreibtischplatte und fuhr mit der Hand unten an der Platte entlang.

„Da musst du doch sein, ich weiß, dass ich dich da hingeklebt habe …"

Schon spürte er einen Knubbel und kratzte ihn ab.

„Na bitte, da bist du ja, alter Freund."

Der Kaugummi war zwar schon ein paar Tage alt, aber als Pfropfen für seine Regenwalddusche sollte er noch gut genug sein. Er kaute ein paar Mal darauf herum, bis der Gummi wieder weich war.

„Gar nicht mal so schlecht, dich könnt ich ja sogar noch weiterkauen …", kicherte er und stopfte ihn in das Schlauchende.

„Hunger", knurrte sein Magen. Auf dem Schreibtisch-brett lag noch die zweite Cremeschnitte, die ihm Jessi am Vortag mitgegeben hatte.

„Mhhh", raunte Rolf Rüdiger genüsslich. Fast an-dächtig sah er die Schnapper an und biss ein großes

Stück ab. „Das könnte im schlimmsten Fall die letzte Schnapper sein, die ich je essen werde."

Und da war er wieder, dieser unvergleichliche „Schnapper-Geschmack".

„Einfach unwiderstehlich gut – Oahyo Gozaimas!"

Jetzt fiel es ihm wieder ein. Bei der letzten Radio-Quizshow am Sonntag hatte ein Mädchen angerufen. Sie war mit ihren Eltern vor einem Jahr nach Japan ausgewandert. Magdalena war dreizehn Jahre alt und hörte die Sendung via App über das Internet. Magdalena hatte ihn damals mit „Ohayo Gozaimas", also „Guten Morgen", begrüßt.

„Bravo, kleines Hirn, merkst dir ja doch was …", murmelte Rolf Rüdiger.

Er verputzte das letzte Stück der Cremeschnitte und leckte sich den süßen Zuckerguss von den Lippen.

„Meine ‚letzte Schapper' – over and out, das ist doch zum Heulen!"

Rolf Rüdiger sackte in sich zusammen und blickte auf sein Handy. 13.37 Uhr.

„Ui, Ui, Ui, na da hab ich aber wirklich lange ge-mützelt, höchste Zeit, die Fingerabdrücke zu ver-gleichen."

Rolf Rüdiger blickte sich um und entdeckte vor seiner Dachbodentür ein weißes Kuvert.

„Ha, was ist denn das? Das muss mir wohl jemand unter der Tür durchgeschoben haben."

„Lieber RoRü, ich habe geklopft, aber du hast nicht aufgemacht. Es hat alles super geklappt. Ich habe die Mappe zurück ins Büro von Frau Gludowiz gebracht. Sie war noch nicht da. Die Fingerabdrücke von ihrer Computermaus sind auf dem Zettel. Die Fingerabdrücke von Herrn Schnapper habe ich von seinem Kaffeebecher. Auch auf dem Zettel. UND!!! Ich muss dich unbedingt sprechen! Ich hab da was entdeckt. Ruf mich an, wenn du da bist.
Liebe Grüße
♥ *Jessi*

Rolf Rüdiger war plötzlich topfit.
Bevor er Jessi anrief, wollte er noch seinen Job erledigen.
Er legte alle Fingerabdrücke von den Gegenständen auf die Schreibtischplatte. Die vier Kontrollabdrücke von der Mappe, ordnete er darunter an.

Alfred	Frau Gludowiz	Herr Schnapper	„Schleim-beutel"	Jessi
Abdruck 1	Abdruck 2		Abdruck 3	Abdruck 4

Jetzt musste er sie nur noch zuordnen. Die schwarzen Linien der Fingerabdrücke liefen kreisförmig bis in die Mitte zusammen. Auch einige, charakteristische Kringel und Unterbrechungen waren zu erkennen. Darauf konzentrierte sich Rolf Rüdiger ganz besonders.

„Bingo", freute er sich, „der erste idente Abdruck!"
Alfreds Fingerabdruck von seinem Glas war eindeutig auch auf der Mappe zu finden.

„Gut, das ist noch keine Überraschung! Aber zumindest ist damit ja eindeutig bewiesen, dass unsere Methode funktioniert."

Den Abdruck von Frau Gludowiz konnte er ebenso rasch identifizieren wie den von Herrn Schnapper. Und auch Jessis Daumenabdruck aus der Backstube stimmte mit einem Abdruck auf der Mappe überein.

„Jetzt noch der Abdruck vom ‚Glatzen-Beutel'."
Rolf Rüdiger kontrollierte mehrmals, lehnte sich zurück, blinzelte mit den Augen und kontrollierte erneut.

„Keine Übereinstimmung", murmelte er nachdenklich.

Fingerabdrücke:

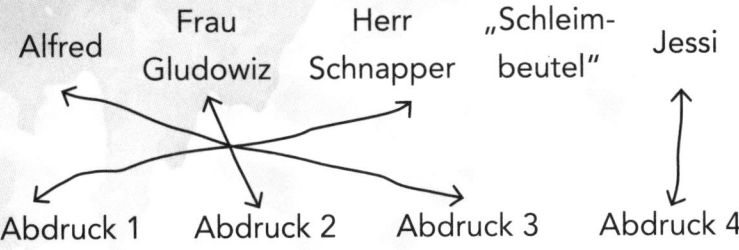

Alfred   Frau Gludowiz   Herr Schnapper   „Schleimbeutel"   Jessi

Abdruck 1   Abdruck 2   Abdruck 3   Abdruck 4

„Herr Beutel hat die Mappe also NICHT in der Hand gehabt."

Rolf Rüdiger wusste nicht so recht, ob er sich ärgern oder freuen sollte. Der „Glatz-Beutel" war plötzlich gar nicht mehr so schuldig, wie ursprünglich angenommen. „Ist die Aktion mit den Fingerabdrücken vielleicht eine Sackgasse, in die wir uns verrannt haben?", grübelte Rolf Rüdiger. „Oder hatte der Beutel vielleicht einen anderen Verbündeten? Es muss ja jemand sein, der an die Mappe rankommt und auch den Code dafür kennt."

Rolf Rüdiger ging die verdächtigen Namen noch einmal durch. Sprechblasen mit Namen poppten vor seinem geistigen Auge auf: „Schnapper, Gludowiz, Beutel, Alfred, Miss Marple …, Miss Marple?!" Die Miss-Marple-Sprechblase zerplatzte. „Was machst du hier", staunte Rolf Rüdiger. „Hmm, wahrscheinlich willst du mir nur sagen, dass du, sehr verehrte Hobbydetektivin, zuerst woanders weitersuchen würdest … Aber wo?"

„Das Motiv!", schoss es Rolf Rüdiger plötzlich durch den Kopf, „Wo versteckt sich das Motiv?"

Seine Nase kräuselte sich leicht und er sog die Dachbodenluft demonstrativ tief ein. Es passierte … nichts. „Okay, dann muss ich die Erkenntnisse halt rasch Jessi mitteilen. Vielleicht hat sie ja eine Idee, was wir als Nächstes tun können und wer ein Motiv haben

könnte." Er drückte auf seinem Handy auf „Favoriten"
und auf „Jessi".

„Hallo Rolf Rüdiger, ich muss dir unbedingt was erzählen, ich hab da ...", meldete sie sich sofort.

„Hallo, hallo, Jessi, langsam ...", unterbrach er sie.

„Sorry, du zuerst", antwortete Jessi.

„Nein, du zuerst, sorry ..."

„Okay, lieber Rolf Rüdiger, also ich hoffe natürlich, du
hast mein Kuvert mit den Fingerabdrücken gefunden.
Ich hab's dir unter der Tür durchgeschoben. Geht's dir
gut?"

„Ja, ja, alles paletti-confetti. Bin eingeschlafen, hab
dich gar nicht klopfen gehört. Die Abdrücke hab ich
auch schon verglichen."

„Was ist dabei herausgekommen? Erzähl schon!"

„Naja, liebe Jessi, ich konnte alle Fingerabdrücke
identifizieren. Deine waren auf der Mappe, die von
Frau Gludowiz, die Abdrücke von Herrn Schnapper
und die von Alfred auch. Nur die von Konstantin von
Beutel waren nicht auf der Mappe!"

Auf der anderen Seite der Leitung hörte Rolf Rüdiger
nur ein Schnaufen. „Jessi?! ... bist du noch da?"

„Ja klar ... musste nur nachdenken. Damit ist also klar,
dass Herr Beutel die Mappe nicht in der Hand gehabt hat. Ein geheimes Treffen zwischen Alfred, dem
Beutel und der Mappe hat es dann offenbar nicht
gegeben.

„Genau, Jessi", antwortete Rolf Rüdiger. „Leider ein totaler Reinfall. Ich glaube, wir sollten die Fingerabdrücke vorerst einmal zur Seite legen, auch wenn wir damit wieder ganz am Anfang unserer Ermittlungen stehen. Wir müssen alle Namen noch einmal durchgehen, und Miss Marple sagt, wir brauchen ein Motiv."

Kurze Zeit war es still in der Leitung.

„Wer sagt das?" fragte Jessi.

„Ach nicht so wichtig, Jessiline. Du hast auf dem Zettel, den du mir unter der Tür durchgeschoben hast, geschrieben, dass du auch etwas entdeckt hast!"

„Ja natürlich, das muss ich dir auch unbedingt zeigen!", antwortete sie.

„Schieß los, Jessi, bin schon so neugierig, was du zu berichten hast."

„Das geht nicht gut am Telefon, bist du jetzt daheim?"

„Ja klar, komm vorbei."

„Bin in fünfzehn Minuten bei dir!", antwortete Jessi und legte auf.

Rolf Rüdiger hüpfte von seinem Schaumstoff-Ziegel. Die linke Hälfte seines T-Shirts und die linke Hälfte seiner Jeans waren noch immer pitschnass. Außerdem hing die halbe Hosentasche zerfetzt herunter und am Hosenboden waren deutlich Schleifspuren zu sehen.

Alles stumme Zeugen seiner nächtlichen Detektiv-Aktion.

Er trippelte zu seinem Kasten, öffnete ihn und stellte fest: „Okay, was Frisches zum Anziehen ist da nicht zu finden, was mach ich bloß? Jessi kommt doch gleich!" Normalerweise legte Rolf Rüdiger nicht gerade großen Wert auf sein Äußeres. Zwar war er fast immer geputzt und gekampelt und seine Beißerchen pflegte er täglich zweimal. Aber ob sein T-Shirt oder seine Hose einen Fleck hatten, war ihm meistens ziemlich egal.

Wenn er Jessi traf, war das jedoch anders. Bei ihr bemühte er sich, besonders adrett und fesch auszusehen und auch gut zu riechen. Rolf Rüdigers Kasten war leer.

„Wo ist die verdammte Reserve-Hose", dachte Rolf Rüdiger.

Er schaute unter seinem Schreibtischbrett nach.

Nichts!

Er flitzte um seine Matratze herum, auch nichts.

„Hose, Hose, ich brauch eine Hose!", wimmerte er.

Es half alles nichts, er konnte seine Hose einfach nicht finden.

„Na gut, dann eben nicht", resignierte er. „Wenn du schon nicht gut gekleidet bist, dann sei wenigstens charmant!"

Er ging zum Kühlschrank, um Jessi eine Erdbeermilch einzuschenken. „Jetzt noch Eiswürfel!"

Rolf Rüdiger öffnete das Gefrierfach.

Und da lag sie ... seine Reserve-Jeans!

„Heiliges Kanalrohr, jetzt weiß ich es wieder ...",
kicherte er los.

Vor ein paar Tagen war ihm so heiß gewesen, dass er
seine Hose zur Abkühlung in das Gefrierfach gestopft
hatte.

„Na bitte, es findet sich ja doch alles wieder. Nur ein
wenig Geduld du haben musst, junger *Padawan*."

Rolf Rüdiger schnappte die gefrorene Reserve-Hose
und wollte schon hineinsteigen. Zuerst knusperte
die Hose ein wenig, dann knackte sie laut und ein
paar kleine Eisklumpen klatschten auf den Boden.
Die Jeans war festgefroren und sträubte sich, Rolf
Rüdigers Beine hineinzulassen.

„Bitte, liebe Hose, für so einen Blödsinn habe ich jetzt
keine Zeit", flehte er sie an. Er knallte sie mit Karacho
mehrmals auf den Boden. Dann hüpfte er am Hosen-
bund auf und ab, damit die Eiskristalle schneller
schmolzen. Nach dem wilden Gehüpfe probierte er
es noch einmal.

Mit aller Kraft zog Rolf Rüdiger jetzt die Hose aus-
einander und stieß sofort ein Bein hinein. Nach ein
paar „Hula-Hoop-Bewegungen und heftigem Gezerre
steckte er endlich drinnen. Danach sprühte er wieder
eine kleine Wolke aus seinem Parfumfläschchen

Marke „WC-Ente" in die Luft und sprang mit dem
Gesicht voran hindurch.
„Geruchscheck? – Check!"
Dann klopfte es an der Tür.

KAPITEL 17: TAGPFAUENAUGE

„Du weißt ja, ich bin ein großer Tierfreund. Kein Wunder, bin ja selbst eines, hehe. Unlängst habe ich wieder mal die Schmetterlinge im Schmetterlingshaus besucht. Das Tagpfauenauge finde ich besonders schön. Aber wusstest du, dass man Schmetterlinge auch im Bauch haben kann?"

„Tock … tock, tock … tock, tock …"
Rolf Rüdiger erschrak, drehte sich um und wollte zur Tür sprinten. Aber schon beim ersten Schritt knirschte seine Hose laut und das Hosenbein bewegte sich keinen Zentimeter. Damit hatte Rolf Rüdiger nicht

gerechnet. Er verlor das Gleichgewicht und krachte wie ein umfallender Holzpfosten der Länge nach auf den Boden.

„Mist! Hose gefroren!", fluchte er und rappelte sich auf.

„Tock ... tock, tock ... tock, tock ..."

„Ich bin ja da, Jessi, ich komme schon!", rief er und versuchte vorsichtig, einen Schritt zu machen. Viel Bewegung ließen die gefrorenen Hosenbeine nicht zu. Langsam stakste er mit steifen Beinen zur Tür.

Rolf Rüdiger sah aus wie ein Roboter, der seine ersten ungelenken Gehversuche machte.

Nach einer halben Ewigkeit war er endlich angekommen und öffnete die Tür. Und da stand sie und lachte ihn an!

Jessi trug ihre hellbraunen Haare zu einem wilden Knäuel zusammengesteckt. Auf einer Seite des Knäuels schaute ein Bleistift heraus. In ihrer Dreiviertelhose, den weißen Sneakers und dem grünen Shirt sah sie megasportlich aus.

Auf dem T-Shirt stand in Schreibschrift:

„Veganes Schnitzel, nein danke!"

„Hallo Rolf Rüdiger, danke, dass ich vorbeikommen durfte."

Sie beugte sich herunter und drückte ihm einen fetten Schmatz auf die Wange. Rolf Rüdiger spürte sofort ein

131

Pochen in seiner Brust. Er fand Jessi ja immer schon süß, aber jetzt, wo sie zum ersten Mal bei ihm daheim vor der Tür stand, fand er sie gleich noch viel süßer. „Guten Tag, gnädige Frau, es ist mir ein Vergnügen, Sie heute bei mir begrüßen zu dürfen", plapperte er los. Heillose Verwirrung machte sich in seinem Kopf breit. „Was red ich denn da für einen Stuss zusammen. Wieso sag ich ‚gnädige Frau' zu Jessi?"

Rolf Rüdiger sah sie mit offenem Mund an und spürte noch immer den „Schmatz" auf der Wange, den sie ihm aufgedrückt hatte. Plötzlich meldete sich sein Magen und begann zu grummeln.

„Das kann doch kein Hunger sein ...", dachte er.

„Es fühlt sich eher an, als hätte ich einen Schwarm *Tagpfauenauge* im Bauch."

HÖR MAL!

Jessi lächelte ihn noch immer an und ihre Augen blitzten wie funkelnde Sterne.

„Ähmm, sorry, natürlich: Hellooo, liebe Jessi! Gehen wir. Also ich meine natürlich: Bleiben wir ... komm doch herein."

„Was zum Habicht war das jetzt für ein Geschwafel, reiß dich zusammen, Rolf Rüdiger!"

Normalerweise war er eine ziemlich coole Socke. Aber jetzt gerade schmolz seine Coolness dahin wie Erdbeereis bei dreißig Grad.

Er winkte Jessi durch die Tür und ihm wurde heiß.

„Ich werde doch nicht diesen blöden Virus aus-
brüten."

Rolf Rüdiger versuchte die komischen Gefühle einfach
zu überspielen.

„Also Jessilinchen, erstmal was trinken? Ich hab uns
Erdbeermilch mit Eis eingeschenkt. Du magst doch
Erdbeermilch, oder?"

Er sprudelte die Worte so schnell hervor, dass er sich
fast verschluckte.

„Ja gerne, danke", antwortete Jessi und grinste wie
ein Hutschpferd.

„Du riechst wie eine Zimtschnecke", sagte Rolf
Rüdiger.

„Hab ich das gerade wirklich laut gesagt?"

Seine Gedanken spielten verrückt und er deutete
lässig auf seinen improvisierten Schreibtisch.

„Auf den Schaumstoffziegel da, auf den mit den
Blumen drauf, da kannst du dich hinsetzen."

Er machte einen steifen Schritt nach dem anderen
und bemühte sich, so natürlich wie möglich dabei auszusehen. Seine Hose war noch immer gefroren, ge-
schmeidige Bewegungen waren unmöglich.

Er schnappte die zwei Gläser Erdbeermilch mit Eis
und humpelte steifbeinig zurück zum Schreibtisch.

Auf halbem Weg bemerkte er: „Ich tropfe ... wie
peinlich!"

Seine Eis-Hose begann schön langsam aufzutauen.

Das Schmelzwasser tropfte bei jedem Schritt auf seine Beine und dann auf den Boden.

Rolf Rüdiger war ziemlich froh darüber, dass Jessi gerade in die andere Richtung schaute.

„Megacoole Idee, dieser T-Shirt-Vorhang da, vor deiner Dachluke. Respekt! Megacoole Idee!", sagte Jessi und blickte sich zu ihm um.

„D-D-Dank-k-k-ke", stotterte Rolf Rüdiger und reichte ihr die Erdbeermilch. Er schepperte am ganzen Körper und hatte Mühe, die Erdbeermilch nicht zu verschütten.

„Oje, Rolf Rüdiger, was ist denn los", fragte Jessi besorgt. „Du zitterst ja am ganzen Körper."

Er jetzt bemerkte Rolf Rüdiger, dass ihm eiskalt war und er seinen Popo kaum noch spürte.

„… nu-nu-nur die Ho-Ho-Hose. Ge-gefroren. Mir war heiß. Deshalb Hose k-k-kaaaalt. Aber alles b-b-bestens, g-g-gleich aufgetaut", stammelte er.

Rolf Rüdiger kletterte zu ihr auf den Schaumstoffziegel und sie schlürften im Duett an ihrer kalten Erdbeermilch.

Nach zwei kräftigen Zügen setzte Jessi ihr Glas ab.

Rolf Rüdiger saugte weiter am Strohhalm, bis das Glas leer war. Mittlerweile saß er auf einem pitschnassen Fleck.

„Okay, das ist jetzt wirklich peinlich. Da hätte ich besser gleich die alte Jeans anlassen können", dachte er.

Er überkreuzte die Beine, um die unangenehme Situation zu überspielen.

„Wie bist du jetzt wirklich an die Fingerabdrücke von Herrn Beutel gekommen. Das konntest du mir ja noch gar nicht erzählen", fragte Jessi aufgeregt. Rolf Rüdiger atmete tief durch und begann dann betont extralässig zu erzählen.

„Naja, Jessi, das war eine Agenten-Aktion erster Sahne. Ich hab ja vorher alles perfekto geplant. Ich bin very nice die Dachrinne runtergefetzt, mit Megasalto bravorös im Netz gelandet und dann im Underground direkto ins Backhaus gemoved. No Prob. Ich bin ja klein und wendig. Keine weiteren Vorkommnisse!"

Sein Malheur mit dem Steckenbleiben im Lüftungsschacht erwähnte Rolf Rüdiger vorsichtshalber nicht.

„Dann hab ich einfach das Büro von Herrn Beutel gesucht, mir seinen Kaffeebecher geangelt und das war's auch schon. Ganz molto easy!"

Jessi hörte aufmerksam zu. „Wow, das klingt ja wie nach einem James-Bond-Film." Sie imitierte den berühmten Spruch des britischen Geheimagenten.

„Mein Name ist Rolf … Rolf Rüdiger", sagte sie theatralisch und lachte ihn an.

Rolf Rüdiger wurde rot. Das dachte er jedenfalls. Sein Gesicht fühlte sich nämlich gerade an, als hätte er damit auf einem Bügeleisen gelegen.

„Ja genau, mir ist ganz schön heiß, ähm andersrum, ich war ganz schön cool, hehe und ‚fischgrät'. Gebracht hat es ja leider nix!"

„Stimmt, es wäre natürlich perfekt gewesen, wenn Beutels Abdrücke drauf gewesen wären, aber vielleicht brauchen wir die ja gar nicht mehr, vielleicht war es ohnehin die falsche Fährte", raunte Jessi geheimnisvoll.

„Aha", staunte Rolf Rüdiger. „Jetzt bin ich aber gespannt wie ein Pfitschipfeil. Was hast du denn entdeckt?"

Jessi legte ihr Handy auf den Tisch und begann zu erzählen.

„Also, ich steh da so vor dem Schreibtisch von Frau Gludowiz und seh diesen kleinen, gelben Zettel unter der Schreibtischunterlage hervorschauen. Ich hab zuerst nur ein paar Buchstaben und Zeichen lesen können. Dann hab ich vorsichtig daran gezupft und ihn ein wenig herausgezogen. Auf dem Zettel stand: ‚*Heute B 1900 Oper*', und darunter waren noch ein paar seltsame Zeichen."

Rolf Rüdiger runzelte die Stirn. Er dachte kurz nach, ignorierte die Zeichen und fragte dann hastig nach:

„*Heute B 1900 Oper!* Bist du dir da ganz sicher?"

„Na klar bin ich sicher, ich habe sogar ein Foto gemacht … hier!"

Jessi entsperrte ihr Handy, tippte auf „Galerie" und zoomte mit zwei Fingern in das Foto. Und tatsächlich, auf dem kleinen gelben Zettel stand:

Heute B 1900 Oper
% § !) = /

Rolf Rüdiger klappte die Kinnlade runter. „Du wirst es nicht glauben, Jessi, ich habe sowas Ähnliches heute schon einmal gesehen", staunte er. „Auf dem Schreibtisch von Herrn Beutel! Auf einem seiner Ordner klebte auch so ein gelber Zettel. Und jetzt rate mal, was da draufstand … *Heute! 1900 Oper.*"
„Du machst dich aber jetzt nicht lustig über mich", antwortete Jessi erstaunt.
„Nein, nein Jessi, jetzt fällt es mir plötzlich wie Schuppen von den Fischen. Ach du dicke Ratte!
Die Akte GL!
Herr Beutel hat nach der Akte GL verlangt, das kann doch kein Zufall sein! Bei mir ‚GL', auf deinem Zettel ‚B'.
GL – Gludowiz!
B – Beutel!"
„Jetzt mal langsam, Rolf Rüdiger. Du willst mir sagen, es gibt bei Konstantin von Beutel eine Akte GL? Und auf der Akte klebt ein Zettel, auf dem ‚*Heute! 1900 Oper*' steht?"

Jessi starrte auf ihr Foto, schaute ihn mit aufgerissenen Augen an und blickte wieder zurück auf ihr Handy.

Sie brachte keinen Ton heraus.

Rolf Rüdiger flüsterte geheimnisvoll:

„Frau Gludowiz trifft Herrn Beutel vom Backhaus. Na klar, das ist eine Uhrzeit. Heute Abend um 19.00 Uhr in der Oper."

„Du hast vollkommen Recht", sagte Jessi, die aus dem Staunen gar nicht mehr herauskam. „Das kann kein Zufall sein! Nicht Alfred ist in die Sache verwickelt, sondern Frau Gludowiz! Die Gludowiz und der Beutel!"

Jessi nahm einen großen Schluck von ihrer Erdbeermilch. Rolf Rüdiger griff auch nach seinem Glas und zog kräftig am Strohhalm. Dabei röhrte und gurgelte es fürchterlich laut.

Das Glas war schon leer und er saugte nur noch die letzten paar Tropfen mit ganz viel Luft aus dem Glas.

„Hüstel, hüstel. Wie spät ist es, Jessi?", fragte er.

„Kurz nach 15.00 Uhr."

„Also noch vier Stunden, bis Rolf ... Rolf Rüdiger die beiden in der Oper erwischen wird. In flagranti!"

„Du willst da wirklich hin?", staunte Jessi nicht schlecht.

„Na klar, nur so können wir doch herausfinden, ob die beiden wirklich etwas mit dem Verschwinden des Schnapper-Rezeptes zu tun haben."

Rolf Rüdiger deutet auf ihr Handy.

„Zeig doch noch mal das Foto her, da stand ja noch was auf dem Zettel."

Jessi tippte auf ihren Bildschirm und vergrößerte den Ausschnitt mit den Zeichen.

% § !) = /

„Hmm … da kann ich mir jetzt aber gar keinen Reim drauf machen. Wir haben noch vier Stunden Zeit, bis ich in die Oper muss. Lösen wir das Rätsel", sagte Rolf Rüdiger entschlossen und blitzte Jessi mit den Augen an.

% § !) = /

KAPITEL 18: DER KNOTEN PLATZT

„Düdeldü, düdeldü ..."

Radiomoderator: „... falls ihr heute einmal Lust auf einen Action-Krimiabend habt, im Fernsehen läuft heute Abend ein Doppelpack vom Feinsten. Zuerst um 20.15 Uhr der neue James Bond und gleich im Anschluss ein Krimi-Klassiker: Miss Marple und der Wachsblumenstrauß ..."

Man hätte eine Stecknadel fallen hören können. Schon eine ganze Weile hatten Jessi und Rolf Rüdiger kein Wort mehr gewechselt. Zuvor waren sie noch ausführlich alle möglichen Theorien zu den seltsamen Zeichen auf dem kleinen, gelben Zettel durchgegangen.

% § !) = /

Prozent trifft Paragraph, das Rufzeichen hat eine Klammer und das Gleichheitszeichen ist schräg drauf.

Ein Schnapsbrenner %, muss vor Gericht §, Ausrufe-
zeichen … ! …
Aber sie kamen nicht weiter. Das führte alles zu
nichts. Die Zeichen blieben ein Rätsel.
%   §   !   )   =   /   ????

Schließlich waren Rolf Rüdiger die Augen zugefallen.
„Hrrchhhrrr" – erst von seinem eigenen, lauten
„Schnarcher" schreckte er wieder hoch.
Zu seiner Überraschung dürfte auch Jessi einge-
schlafen sein. Ihr Kopf lag sanft auf seiner Schulter.
Da waren sie wieder … die Schmetterlinge. Aber
auch noch ein anders Gefühl.
„Ähhm, ahh … Jessi?!", flüsterte er.
Jessi wachte auf und schaute ihn verschlafen an.
„Ohh, sorry, muss eingeschlafen sein. War aber sehr
kuschelig, deine Schulter!" Sie blinzelte ihn an und
duftete noch immer nach Zimtschnecken.
„Ähm, ja, du auch, sehr kuschelig, aber ich müsste
jetzt wirklich dringend mal aufs Klo!", antwortete er.
Als er zurückkam, saß Jessi aufrecht auf seinem
bunten Schaumstoffziegel und kritzelte auf einem
Blatt Papier herum.
„Wie lange haben wir eigentlich gemützelt?", fragte
er und setzte sich neben sie.
„Ne ganze Stunde war das … aber es kam mir vor wie
fünf Minuten."

„Okay, na dann müssen wir uns jetzt sputen. Fangen wir doch noch einmal ganz von vorne an: Gludowiz trifft Beutel um 19.00 Uhr in der Oper. Vielleicht hat also Herr Beutel versucht, die Frau Gludowiz abzuwerben und nicht den Bäckermeister Alfred?!"

„Durchaus möglich, und da hätten wir auch unser Motiv!", antwortete Jessi und fügte hinzu. „Vielleicht hat er ihr noch viel mehr versprochen, wenn sie das original Schnapper-Cremeschnittenrezept entwendet und ihm übergibt. Und als erste Belohnung geht er mit ihr in die Oper!"

Rolf Rüdiger schaute nachdenklich in die Luft. „Das Marple-Motiv. Hmm, vielleicht übergibt Frau Gludowiz dem Beutel das Originalrezept ja auch in der Oper?!

„Aber wie hat sie denn das ‚Smart Schloss' der Mappe aufgebracht", rätselte Jessi. „Den Code kann sie nicht abgefangen haben, dafür hat Herr Schnapper sicher gesorgt. Elli hat erwähnt, dass die App für das ‚Smart Schloss' verschlüsselt sendet. Abfangen oder knacken unmöglich!"

„Jetzt wäre eine Schnapper genau richtig", raunte Rolf Rüdiger. „Meine Lieblingscremeschnitte würde mir so richtig Gehirnpower verschaffen."

„Stellen wir uns einfach vor, wie die original Schnapper-Cremeschnitte schmeckt. Okay?!", sagte Jessi.

„Mhhh … ahhh … mhhh, ein Träumchen,"
murmelte Rolf Rüdiger.
Er hatte schon die Augen geschlossen und
seine Nase wippte leicht auf und ab.
„Ich bin mittendrin statt nur dabei –
im Cremeschnitten-Universum!"

Jessi beobachtete, wie sich Rolf Rüdigers Schnauze
langsam öffnete. Seine Zähne blitzten hervor und
seine Zunge hing auf der linken Seite schon leicht
heraus. An der Zungenspitze sammelte sich ein
kleiner Tropfen, den er mit einer schlürfenden Be-
wegung wieder einsaugte.
Jessi musste kichern. Rolf Rüdiger sah so süß aus in
seinem Cremeschnittenuniversum.
„Dreimal schwarzer Marder und roter Fuchs zu-
sammen", keuchte Rolf und schreckte auf. „Wie viele
Stellen hat das Schloss auf der Mappe?"
Jessi dachte kurz nach und prustete dann heraus:
„Oh, mein Gott, Rolf Rüdiger, du bist genial. Das
Schloss hat SECHS Stellen!"
„Und wie viele Zeichen sind das hier auf dem gelben
Zettel?"
Beide starrten gebannt auf das Foto.
% § !) = /
„Eins, zwei, drei, vier, fünf … und der Schrägstrich,
das sind auch sechs Stellen!", jubelten sie.

Rolf Rüdiger war bis in die Spitzen seines schwarzen Haarbüschels am Kopf gespannt.

„Da sind sechs Zeichen auf dem gelben Zettel und auf der Mappe ist ein Schloss mit sechs Rädchen. So viele Zufälle kann es doch nicht geben, das müssen wir überprüfen!"

Er schaltete seinen Laptop ein und … musste warten. Mit dem Hochstarten hatte es das alte Teil nicht so wirklich. Es dauerte wie immer eine halbe Ewigkeit, bis es einsatzbereit war.

„Bis Herr von und zu Laptop sich durchgerungen hat zu starten, könnten wir inzwischen eine schnelle Gurgelrunde einschieben. Was hältst du davon?"

„Das ist eine super Idee, Rolf Rüdiger, diese Rubrik mag ich bei deiner Radio-Quizshow am zweitliebsten", antwortete Jessi.

„Wenn die Gurgelrunde dein ‚Zweitliebstes' ist, was bitte ist dann deine Nummer eins?", fragte er neugierig.

„Ich liebe dein Koch-Quiz! Smörrebröd, Smörrebröd, röm pöm pöm pöm", sang Jessi und grinste ihn an.

„Da rate ich immer mit. Ihr zählt die Zutaten auf und wir müssen erraten, was bei euch heute auf den Tisch kommt … genial und immer lustig!"

„Ha, das ist auch meine Lieblingsrubrik", tönte Rolf Rüdiger. „Ich glaub, ich schreib noch mal ein Kochbuch!"

„Gute Idee, das würde ich mir ganz bestimmt zulegen", sagte Jessi.

„Ich würde dir eines schenken, mit Herzerl-Widmung", flüsterte Rolf Rüdiger.

„Entschuldige, was hast du gesagt, das hab ich grad nichts verstanden", erwiderte Jessi.

„Nichts, nichts, hab nichts gesagt."

Er nahm einen Schluck Wasser und begann ein Lied zu gurgeln. Jessi schaute ihn an und deutete ihm, dass er weitergurgeln soll.

„Gr gr grr grr grr grr grrrrrrr …"

„… Guten Morgen, Sonnenschein …!", rief Jessi.

„Hab's erkannt! Hehe", sie klopfte sich auf die Schulter. „Lief auch gestern Früh im Radio!"

Rolf Rüdiger schluckte sein Gurgelwasser runter.

„Jaaa, richtig, gut gemacht Jessi. Hab´s gestern auch im Radio gehört.

„Bing! Bong! Bing!"

Sein lahmer „Schleppi Lappi" meldete sich zum Dienst. Rolf Rüdiger machte einen weißen Zettel auf und starrte zuerst auf die Tastatur und dann auf das Foto mit den Zeichen auf Jessis Handy.

% § !) = /

„Das %-Zeichen befindet sich oben auf der Ziffernleiste. Auch das §-Zeichen ist da oben", murmelte er und schaute gebannt auf die Tastatur.

„Alle Zeichen sind oben auf der Ziffernleiste", erkannte Jessi.

% § !) = /

Rolf Rüdiger tippte auf die Tasten.

„Das ist es, Jessi, wenn man die Hochstelltaste drückt und gleichzeitig die Ziffern dazu, dann kommen diese Zeichen.

% ist 5

§ ist 3

! ist 1

) ist 9

= ist 0

und der Schrägstrich ist auf der Taste 7.

5 3 1 9 0 7 – ein sechsstelliger Code!"

Rolf Rüdiger klopfte sich selbst zu Belohnung auf die Schulter. „Miss Marple wäre stolz auf uns."

Jessi starrte auf den Code: „Das ist nicht nur ein Code, Rolf Rüdiger, wenn mich nicht alles täuscht, ist das auch ein Datum!"

„5.3.1907!!!"

„Das ist das Gründungsdatum der Bäckerei Schnapper! Das hab ich auf der Website gelesen", sagte Jessi aufgeregt.

„Damals hat der Großvater von Elli und Wilhelm Schnapper auch die Schnapper Cremeschnitte – das Original – erfunden!"

Beide starrten gebannt auf das Datum. Hatten sie tatsächlich den Code geknackt? Wenn man jetzt noch die Mappe damit öffnen konnte, dann war der Fall so gut wie gelöst.

„Frau Gludowiz muss irgendwie an die Zeichen gekommen sein und den Code geknackt haben, genauso wie wir gerade", rätselte Jessi.

„Und dann hat sie das heilige Schnapperrezept herausgenommen!", sagte Rolf Rüdiger.

„Okay, Rolf Rüdiger, in einer Stunde geht die Oper los!" Sie schauten sich geheimnisvoll an und schmiedeten einen Plan.

„Ich werde morgen die Mappe einfach noch einmal zu Gülin und Jakob in die Backstube bringen. Ich sag einfach, die beiden müssten noch ein Rezept überprüfen. Das fällt bestimmt nicht auf. Dann versuche ich den Code über die Rädchen einzugeben. Mal sehen, ob die Mappe aufgeht! Ich hoffe, das klappt so ganz analog mit den Rädchen und das „Smart-Schloss" schlägt dabei nicht Alarm."

„Perfekt, Jessi, so machen wir das und ich dirndel mich noch schnell für die Oper an. Bin schon gespannt, ob ich die Gludowiz und den Beutel in flagranti erwische!"

„Was wird denn überhaupt gespielt?", fragte Jessi.

KAPITEL 19: „LA TRAVIATA"

„Düdeldü, düdeldü ..."

Radiomoderatorin: „... unsere Stadt hat so viel Kultur zu bieten, einfach großartig. Gestern der Kabarettgipfel in der Stadthalle und heute gleich Hochkultur in der Oper. Mit ‚La Traviata' steht ein, man fast sagen, Blockbuster-Opernhit auf dem Programm. Violetta und Alfred kämpfen um ihre Liebe. Bei mir jetzt in der Playlist: ‚Love Is In The Air' ..."

„Hallo Direktor Bogdan, ich mach´s kurz, du musst mir einen Gefallen tun! Bitte!"

„Ja, hallo Rolf Rüdiger, freut mich, dass du wieder mal anrufst. Immer gerne, wie kann ich behilflich sein?", antwortete der Mann am anderen Ende der Leitung. Rolf Rüdiger war mit vielen Theaterleuten per du. Egal ob Kabarett, Musical, Ballett oder Oper, er liebte die Atmosphäre und die Darbietungen der Künstlerinnen und Künstler auf der Bühne. Bogdan kannte er schon seit vielen Jahren. Als sie sich kennen gelernt hatten, war Bogdan noch der Chef der meistgehörten Radiostation des Landes. Mittlerweile war er Direktor der Staatsoper.

„Du, Herr Direktor, erstmal toi, toi, toi für die heutige Aufführung. Ich liebe ‚La Traviata!'. Giuseppe Verdi hat so genial schöne Musik geschrieben!" Rolf Rüdiger war fasziniert von der leidenschaftlichen, aber auch dramatischen Lovestory. „Die Oper des italieni- schen Komponisten wurde 1853 in Venedig uraufge- führt. Wusstest du übrigens, dass das Publikum an- fangs gar nicht so überzeugt war und die Oper erst später zum Welterfolg wu…"

„Hallo Rolf Rüdiger!", unterbrach ihn Bogdan. „Ich bin Operndirektor, ich weiß das! Aber du hast natür- lich recht, „die ‚Traviata' ist einfach umwerfend, muss man gesehen haben."

„Oh, T'schuldigung, eh klar. Aber apropos gesehen haben, ich muss da hin! Kannst du mich eventuell beim Künstlereingang reinlassen?", fuhr Rolf Rüdiger fort.

„Wie bitte?", antwortete Bogdan erstaunt. „Du bekommst natürlich gerne eine Pressekarte zum Regiepreis, wenn du willst."

„Danke, danke, aber ich müsste irgendwie undercover, also ‚fischgrät', ähm natürlich diskret, hinein, wenn du verstehst, was ich meine."

„Okay, Rolf Rüdiger, das hätte ich mir ja fast denken können. Ich frag gar nicht näher nach. Ich will gar nichts wissen. Wir haben NIE gesprochen! Komm einfach zehn Minuten vor Vorstellungsbeginn zum Eingang für die Schauspieler. Die Tür wird einen Spalt offenstehen."

„Herr Direktor, du bist der Beste … vielen Dank! Und wir kennen uns gar nicht!", raunte Rolf Rüdiger in sein Handy.

„Ich hab was gut bei dir", antwortete Bogdan und legte ohne Verabschiedung auf.

Rolf Rüdiger nahm wieder seinen Geheimweg im Underground, durch die Rohre der Stadt. Er trug wie immer seine Jeans und ein weißes T-Shirt. Obwohl es niemand zu sehen bekommen würde, hatte er sich, dem Anlass entsprechend, eine Fliege um den Hals

geschnallt. In seiner Hosentasche steckte der Operngucker.

Er flitzte durch die Abwasserrohre und kam fünfzehn
Minuten vor 19.00 Uhr bei der Oper an. Seiner Erinne-
rung nach lag der Künstlereingang auf der Rückseite
der imposanten Oper. Rolf Rüdiger kletterte eine Eisen-
leiter hinauf und schaute vorsichtig auf die Straße.

„Hotel Sacher" stand in goldener Schrift auf schwar-
zem Grund. Darüber spannte sich ein roter Baldachin,
der die Gäste beim Ankommen vor Wind und Wetter
schützen sollte.

Neben dem Eingang stand ein Mann in einem roten,
knielangen Mantel, mit einer schwarzen Hose und
schwarzen Schuhen. Am Kopf trug er einen Zylinder.
Eine Frau stieg aus einer schwarzen Limousine aus
und der livrierte Zylinder-Mann sagte:

„Guten Tag, gnädige Frau, es ist mir ein Vergnügen,
Sie heute bei uns begrüßen zu dürfen."

Das kam Rolf Rüdiger irgendwie bekannt vor. Hatte er
diesen geschwollenen Satz nicht heute schon zu Jessi
gesagt? Seine Gedanken schweiften ab.

„Konzentration, Rolf Rüdiger! Okay, Mr. Zylinder, du
siehst zwar aus wie ein Opern-Heini … aber das hier
ist nicht die Oper?!"

Rolf Rüdiger drehte sich vorsichtig zur anderen
Straßenseite um. „Ahh, da hab ich wohl den falschen

Ausgang erwischt. Er kletterte wieder in das Rohr hinunter, trippelte ein paar Meter zurück und nahm wieder eine Leiter nach oben. Jetzt schaute er direkt auf die Hinterseite der Oper.

Ein paar Meter weiter stand doch tatsächlich eine schwere Holztür ein paar Zentimeter offen. Fixiert war sie mit einem kleinen Holzkeil.

„‚La Traviata', ich komme, Frau Gludowiz und Herr Beutel, ich kann euch schon fast sehen!"

Er hopste aus dem Schacht und rannte zu dem Spalt in der Tür.

Kurz vor der Tür musste er noch einen Haken schlagen, sonst wäre er frontal in die Beine einer Frau gekracht. Er hatte sie einfach nicht kommen sehen!

„Ahhh … eine Mauuuus!", rief die Frau panisch und machte einen Satz zur Seite.

„Na sicher, Frau Biologieprofessor … eine Maus!", empörte sich Rolf Rüdiger und war schon durch den Türspalt geschlüpft.

Gleich im ersten Gang der Oper roch es ein wenig muffig nach alten Kostümen, Schminke und Parfüm. Ein paar Ecken weiter drang der Geruch von Holz und Schmieröl in seine Nase. Rolf Rüdiger war im Bühnenbereich der Oper angekommen und kauerte sich hinter eine Kulisse. Vor ein paar Jahren hatte er eine Führung mitgemacht und war von den Ausmaßen und der Technik der Opernbühne extrem beeindruckt gewesen.

„Immer wieder überwältigend, die Bühne ist ja viiiiel größer als der Zuschauerraum. Siebenhundert Quadratmeter Bühnenfläche", hatte er sich gemerkt, „und Teile der Bühne kann man fast zwölf Meter in die Tiefe versenken, um eine Kulisse oder eine Schauspielerin verschwinden zu lassen."

Rolf Rüdiger sah sich verstohlen um. „Ich muss aber nicht runter, ich muss rauf, um was sehen zu können. Gibt's hier keinen Lift?", dachte er in seinem Versteck und schaute nach oben.

„Da oben muss der Schnürboden sein", bemerkte er. Auch diesen Ausdruck kannte er von der Opernführung. „Was hat die Opernführerin damals gesagt?" Rolf Rüdiger versuchte sich zu erinnern.

„Der Schnürboden befindet sich siebenundzwanzig Meter über der Hauptbühne. Mit den Seilen und Zuglatten, die ihr da oben seht, kann man diverses Dekorationsmaterial auf die Bühne abseilen oder über die Bühne schweben lassen."

„Genau so etwas bräuchte ich jetzt", murmelte er.

„Achtung, Mond kommt", hallte es plötzlich von oben.

Langsam schwebte ein riesiger Mond von der Decke und landete auf der Bühne.

„Allerliebstes Mondgesicht, danke, dass du mich erhört hast. Perfekt, ich nehm die ‚**dark side of the moon**', da sieht mich niemand", dachte Rolf Rüdiger erfreut. Das war seine Gelegenheit ganz nach oben zu kommen.

Rolf Rüdiger trippelte rasch ein paar Meter auf die Bühne zur Rückseite des Mondes und hüpfte auf eine Querstrebe.

Eine Bühnenarbeiterin kam auf den Vollmond zu, inspizierte kurz die Vorderseite und rief nach oben.

„Ist sauber … Mond scheint! Haha! Kannst ihn wieder raufziehen!"

Und schon ging die Fahrt los. Langsam, aber gleichmäßig hob sich der Mond mit Rolf Rüdiger in luftige Höhen.

„Ui, ui, ui, jetzt wird es aber langsam hooooch", flüsterte er und schaute kurz nach unten. „Keeeine gute Idee …!"

Ihm wurde schwindelig, und er richtete seinen Blick rasch wieder nach oben. Dann machte es einen Ruck und sein Mond blieb abrupt stehen.

„Mond scheint helle!", rief der Mann zur Bestätigung hinunter. Rolf Rüdiger baumelte in luftiger Höhe über der Opernbühne.

„Das ist die perfekte Detektiv-Aussichtswarte!", dachte er. „Von hier kann ich den ganzen Zuschauerraum perfekt überblicken."

Eine Glocke schrillte los. Die Oper konnte beginnen. Applaus brandete auf und ein paar leise Violinen fiedelten melancholisch los. Rolf Rüdiger schaute gebannt auf den Dirigenten und das Orchester. Eine Frau trat seitlich auf die Bühne und bewegte sich sanft zur Musik. Die Musik wurde fröhlicher und lauter. Die Violinen zwitscherten wie kleine Singvögel und jetzt ging das Spektakel dort unten erst so richtig los. An die fünfzig Menschen betraten die Bühne und es wurde gefeiert und gesungen, was die Stimmbänder hergaben. Rolf Rüdiger konnte sich gar nicht satt-sehen und satthören. Bei jedem Ton, den die Opernsängerin schmetterte, lief ihm ein Schauer über den Rücken.

„Unglaublich … so was von schön das Gesingsel", dachte er und summte lautstark, aber falsch mit. Erst jetzt bemerkte er den prall gefüllten Zuschauerraum und erinnerte sich an seine Mission.

„La Traviata, du musst jetzt kurz warten. Mein Name ist Rolf … Rolf Rüdiger und ich habe einen Fall zu lösen."

Er zog seinen Operngucker hervor, spuckte auf die Gläser und putzte das Okular mit seinem T-Shirt sauber.

„Wo bist du, du Beutel, wo nur …?"

Er beugte sich ein wenig nach vorne und spähte durch sein Fernglas in den Zuschauerraum.

„Hm, also bis jetzt ist weder Frau Gludowiz noch Herr Beutel zu sehen."

Er stellte seinen Operngucker mit dem kleinen Rädchen noch einmal scharf und nahm sich jetzt die ringsherum, mehrstöckig angeordneten Logen vor. Rolf Rüdiger erkannte ein paar Promis, die sich schrecklich schön herausgeputzt hatten. Frauenköpfe mit Haaren, auf denen offenbar flaschenweise Haarspray versprüht worden war, und Lippen, so groß wie Frankfurter Würstel. Männer in schwarzen Anzügen und weißen, verschwitzten Hemden, die wie Pinguine aussahen. Sogar Peter T., sein Kollege aus dem Radiosender, saß in einer Loge. „Hey, mein Freund und Zwetschkenröster, du auch da?!", flüsterte Rolf Rüdiger. „Dachte, du stehst nur auf **AC/DC** und Kabarett von **Niavarani**."

Ein paar Logen weiter traute er seinen Augen nicht. „Hab ich dich endlich", entfuhr es ihm laut. Rolf Rüdiger riss das Opernglas runter und presste sich die Pfote auf die Schnauze. Instinktiv schnuffelte er kurz daran … und war gar nicht begeistert. „Bähhh, das riecht ja wie **Glundner Käse**. Igittigitt, das stinkt aber!" Seine Pfote konnte den „Duft" der Abwasserrohre unter der Stadt nicht verheimlichen. Er schüttelte sich kurz durch und setzte den Gucker erneut an. In der

Loge im zweiten Stock saßen tatsächlich Konstantin von Beutel und Frau Gludowiz.

„Volltreffer!"

Herr Beutel sah aus wie ein Pinguin und hatte ein überhebliches, zufriedenes Lächeln auf den Lippen. Frau Gludowiz kauerte daneben wie ein Häufchen Elend.

Unter ihnen schmetterte die Opernsängerin leidenschaftlich eine Arie: „Croce e delizia, Croce e delizia … delizia al cor …"

Bei jedem hohen Ton begann es in Rolf Rüdigers Ohr zu pfeifen. „Jaja, ist ja schon gut Frau **Sopranöse**, ich hab ja auch ‚ganz große Freude im Herzen' beim Zuhören. Aber muss das immer gleich so hoch sein."

Plötzlich wurde es unruhig in der Beutel-Loge. Frau Gludowiz schien etwas zu flüstern. Herr Beutel bekam einen ernsten Gesichtsausdruck und sein linkes Auge begann zu zucken. Der Operngucker verrichtete gute Dienste, er konnte sogar die Schweißperlen auf Herrn Beutels großer Nase erkennen.

„Hallooo, Frau Gludowiz, was sagst du denn da?" Gerade als er von ihren Lippen lesen wollte, ruckelte es am Seil und sein Mond begann zu sinken. Rolf Rüdiger wurde panisch.

„Bitte, lieber Mond … geh wieder auf! Bitte nicht untergehen!", winselte er leise.

Er stellte sich vor, wie er mit einem „Tadaaa" plötzlich mitten auf der Bühne stand und ihm die Zuschauer überrascht zujubelten.

„Gar nicht ‚fischgrät' und schon gar nicht undercover!"

Nach bangen Sekunden blieb sein Mond dann doch auf halber Höhe sanft stehen.

„Ist doch klar … ich Muhkuh. Was hat der Mond denn ganz unten verloren? Nochmal Glück gehabt", murmelte er erleichtert.

Dann traf ihn ein gleißendes Licht mitten ins Gesicht. Er zuckte zurück, musste die Augen schließen und sah nur mehr Blitze auf seiner Pupille tanzen. Sein Mond wurde gerade frontal von einem Scheinwerfer grell angestrahlt. Ihm wurde heiß im „Pelz".

„Das reicht jetzt aber wirklich. Lust auf Sauna-Pegel – null Prozentos!"

Das Orchester spielte einen fulminanten Schlussakkord und plötzlich war es dunkel. Applaus dröhnte aus dem Publikumsraum und sein Mond stieg wieder ein Stück auf.

„Puhh, höchste Zeit! Gegrillte Ratte, Pegel – fast fünfzig Prozentos!"

Er richtete das Fernglas wieder auf die Loge. Frau Gludowiz schaute ziemlich unglücklich drein. In der Hand hielt sie eine dünne Rolle aus Karton, mit der sie bei jedem Wort eine fuchtelnde Bewegung machte.

Rolf Rüdiger hatte ihren Mund ganz genau im Visier. „Was zum Henkel sagst du denn da? Welcher Satz besteht denn aus drei Mal ‚ei, ei, ei'?"

Herr Beutel griff nach der Rolle und wollte sie Frau Gludowiz aus der Hand nehmen. Wieder formte Frau Gludowiz den Mund zu einem „Ei" und zog ihre Hand ruckartig weg.

„Ahh … das war jetzt deutlicher! Das sollte NEIN heißen! ‚Nein, nein, nein!', das sagt Frau Gludowitz also. Glasklar wie Palatschinke!", triumphierte Rolf Rüdiger von seinem Aussichtsmond und war sich plötzlich ganz sicher. „In der Rolle muss sich das original Schnapper-Rezept befinden!"

Aufgeregt beobachtete Rolf Rüdiger, was in der Loge als Nächstes geschah. Herr Beutel wollte schon wieder nach der Kartonrolle greifen, aber Frau Gludowiz war schneller. Die zwei schienen nicht gerade freundlich miteinander umzugehen.

Sie zog die Rolle weg, knallte sie Herrn Beutel mit Karacho auf die Glatze, sprang auf und stürmte panisch aus der Loge. Die Rezept-Übergabe schien irgendwie schiefgelaufen zu sein. Herr Beutel schaute sich verstohlen um, ob jemand den Zwischenfall bemerkt hatte.

„Sehr gut", dachte Rolf Rüdiger. „Das kann ja nur bedeuten, dass Herr Beutel Frau Gludowiz zwar irgendwie überredet hatte, ihm das Rezept auszuhändigen,

159

Frau Gludowiz aber im letzten Moment doch Gewissensbisse bekommen hat. Wahnsinn, gleich zwei dramatische Opern in einem Aufwaschen. ‚La Traviata‘ und das Beutel-Gludowiz-Drama … ‚La Beutlowiza‘!"
Er spähte nach oben. Es war Zeit, sich um einen Fluchtweg zu kümmern.
„La Traviata, bei aller Liebe … ich muss dann mal!"
Er machte noch eine böse Handbewegung in Richtung der Loge von Herrn Beutel, dann kletterte er flink das Seil bis ganz nach oben. „Jetzt nur noch schnell raus hier!"
In der hinteren Ecke des Schürbodens reichte ein mächtiger Stützpfeiler bis zur Bühne hinunter. Um seine Krallen zu schärfen, kratzte er ein paar Mal am Holzboden herum. Dann sprang er auf den Pfeiler und kletterte kopfüber in die Tiefe. Unten angekommen, wuselte Rolf Rüdiger hinter ein paar Kulissen vorbei und folgte seiner Spürnase zum Ausgang ins Freie. Eine Minute später zog er wieder Frischluft tief durch seine Spürnase.
Und schon war er im Kanalsystem unter der Straße verschwunden.

HÖR MAL!

KAPITEL 20: „KLICK"

„Düdeldü, düdeldü ...“

Radiomoderator: „Morgen ist es endlich wieder so weit. Das Garten- und Genussfestival geht in der Gärtnerei Lanzenhofer über die Bühne. Highlight ist wie jedes Jahr die große Wahl zur Cremeschnitte des Jahres. Für welche Cremeschnitte haben Sie online abgestimmt?"

Gülin und Jakob werkelten an den frisch gebackenen Brotlaiben und den Erdbeer-Topfengolatschen herum. Jessi war mit der Mappe im Büro von Bäckermeister Alfred, der noch immer beurlaubt war. Das Schloss auf der Mappe stand auf „000000".

Ihre Hände zitterten ein wenig, als sie das erste goldene Rädchen bewegte. Es rastete kaum spürbar ein – „5".

„5.3.1907", murmelte Jessi und drehte ein Rädchen nach dem anderen in die richtige Position.

5 3 1 9 0. „Fehlt noch die Sieben." Sie atmete einmal tief durch, bevor sie begann, das letzte Rädchen langsam zu drehen. Nacheinander erschienen die einzelnen Ziffern. 1, 2, 3, 4, 5, 6 … und dann 7.

Es machte sofort „klick".

Jessi zuckte kurz zurück, fasste sich aber gleich wieder.

„Wir haben den Code geknackt!", jubelte sie. „Das funktioniert also nicht nur mit dem „Smart-Schloss-Code" von Herrn Schnapper via App, sondern auch ganz analog mit dem Zahlen-Code hier." Sie wartete einen Moment, ob das Smart-Schloss noch irgendein Geräusch von sich gab, aber alles blieb ruhig.

Ein paar Sorgenfalten erschienen auf Jessis Stirn.

„Hmm … das zeigt zwar, das Frau Gludowiz die Möglichkeit hatte, das Schnapper-Rezept zu entwenden. Offenbar hatte sie es auch irgendwie geschafft, den

Zeichen-Code zu entschlüsseln. Es beweist aber nicht, dass sie es auch getan hat. Es hilft also alles nichts, wir müssen sie einfach damit konfrontieren", folgerte Jessi scharfsinnig.

Vorsichtig schloss sie die Mappe wieder und es machte erneut leise „klick", als der Mechanismus einrastete. Jessi drehte alle Rädchen zurück auf 0, um alle Spuren zu verwischen. Alarm geschlagen hatte das „Smart Schloss" offenbar auch nicht, sonst wäre Herr Schnapper sicher schon am Telefon gewesen. Sie holte ihr Handy raus und tippte eine Nachricht, fügte ein paar Emojis ein und drückte auf „senden".

Rolf Rüdiger saß am Schreibtisch auf seinem Dachboden und schlürfte Kakao. Er hatte noch immer die Fliege um den Hals geschnallt. Sonst war er nackt … also pelzig.

Das Gebräu im Häferl schmeckte leider nicht annähernd nach Kakao. Der Vorrat war ihm schon vor Tagen ausgegangen. Nach seinem Inkognito-Opernabend hatte er heute Morgen ein extra-großes Verlangen nach Kakao verspürt.

„Dose leer! Schlecht! Kakao auf die Liste setzen!" Rolf Rüdiger hatte aber gar keine Einkaufsliste, und so konnte es noch Tage dauern, bis es wieder guten Kakao zu trinken gab. Vor einer halben Stunde hatte er schlaftrunken, heißes Wasser in die leere Kakao-

dose gekippte. Die paar Brösel hatten sich zwar am Boden aufgelöst, sein Gesöff sah aber jetzt fast durchsichtig aus. Und genauso schmeckte es auch.

„Bing", meldete sein Handy eine eingehende Nachricht.

„Es hat ‚klick' gemacht 👌. Wir sind genial 😎. Der Code hat funktioniert! Wie war es in der Oper? Was gesehen 👀?

Bist du schon wach? Ruf mich an. Bin ab 9.00 erreichbar. J. 😵🦢 "

Rolf Rüdiger war augenblicklich hellwach. Er las jede Zeile zweimal und das J. mit dem 😵-Emoji und dem Schwan-Icon gleich dreimal.

Er schaute auf die linke obere Ecke des Displays.

„9.23 Uhr."

Rolf Rüdiger tippte:

„Bin wach. Du bist genial. Oper war hervorragend. B und GL beobachtet. Wo treffen wir uns?

RoRü ..."

Er kramte minutenlang in der Emoji-Liste auf seinem Handy herum, fand aber nichts Passendes.

🦜 ... zu aufdringlich.

😃 ... zu wenig.

🦇 ... peinlich.

Also fügte er einfach ein 🏆 und drückte auf senden.

„Bing."

Schon war die Antwort da:

**„Feines Erdbeereis. I like! Wahnsinnsneuigkeiten.
Treffen Büro Schnapper. Stiegenhaus. 20 Min.
Ich bring Kakao mit 😊
J.**

Rolf Rüdiger tippte „komme!" in sein Handy und warf
seinem Kakao-Gesöff einen verächtlichen Blick zu.
„Ätsch, du bist raus! Jetzt gibt's guten, heißen
Kakao."
Dann suchte er wieder einmal vergeblich nach einem
frischen T-Shirt und einer Hose. Am Fußende der
Matratze lag noch sein gestriges Opern-Outfit. Er
schnüffelte kurz daran und hopste damit in die
Waschecke seines Dachbodens. Er sprühte Hose und
T-Shirt ausgiebig mit seinem WC-Enten-Eau de
Toilette ein und zog sich an. Zwanzig Minuten später
kletterte Rolf Rüdiger aus dem Kanal und huschte
kurz darauf ins Stiegenhaus der Bäckerei Schnapper.
Jessi wartete schon auf ihn.

„Hi, Rolf Rüdiger! Bevor wir loslegen, nimm einen
Schluck Kakao."
Sie holte eine kleine Thermoskanne aus ihrem Ruck-
sack und reichte sie ihm. Rolf Rüdiger war schon vorbereitet auf das heiße, mollige Getränk, das ihm
gleich seine Kehle runterfließen würde. Zu seiner
Überraschung klimperte es kurz in der Thermos-

flasche und eiskalter Kakao schoss ihm den Hals hinunter. „Wow, schmeckt das gut. Ice-Ice-Kakao. Das wird mein neuer Klingelton", dachte er und trank die Flasche halb leer.

„Was ist in der Oper passiert?", fragte Jessi aufgeregt. Rolf Rüdiger gab ihr die klimpernde Thermosflasche zurück und erzählte ihr detailliert von seiner 007-Aktion in der Oper. Vom aufgehenden und sinkenden Mond, vom prächtigen „Gesingsel" der Sängerin und von der Lippenlese-Aktion in der Loge mit Frau Gludowiz und Herrn Beutel.

„Echt jetzt?", staunte Jessi. „Mit der Kartonrolle direkt auf die Glatze gedroschen?"

„Ja, und dann ist sie wütend damit abgerauscht. In der Rolle war das Schnapper-Rezept, darauf kannst du wetten!", antwortete er.

Jessi staunte nicht schlecht und erzählte, wie es ihr gelungen war, das Schloss tatsächlich mit dem Code über die sechs analogen Rädchen auf der Mappe zu öffnen. „Und weißt du was! Nachdem ich die Mappe ins Büro zurückgebracht hatte, ist mir auf der Treppe Frau Gludowiz begegnet! Sie hat gar nicht gut ausgesehen, aber sie ist jetzt bestimmt oben im Büro!" Jessi deutete in den oberen Stock.

Rolf Rüdiger schnaufte tief durch. „Es bleibt uns nur diese eine Möglichkeit, um den Fall aufzuklären.

Wir müssen die Chance nutzen und Frau Gludowiz einfach damit konfrontieren.

Eindeutige Verdachtsmomente haben wir ja genug, jetzt oder nie", sagte er und gab Jessi einen mutmachenden Knuff in die Kniekehle.

„Okay, wir packen das, gehen wir hinauf. Wird schon gutgehen!", sagte Jessi und streckte die Hand nach seiner Pfote aus.

KAPITEL 21:
„DIE SCHNAPPER IS BACK!"

„Düdeldü, düdeldü ..."

Radiomoderator: „Hallo liebe Garten- und Genuss-freunde, wir berichten heute den ganzen Tag live von der großen Garten- und Genuss-Show in der Gärtnerei Lanzenhofer. Es gibt Cremeschnitten und Erdbeermilch, aber welche Cremeschnitte wird gewinnen? Also ich tipp ja auf die Schnapper-Cremeschnitte. Und ihr? Gleich geht's los, davor noch, wie passend, der Cremeschnitten-Blues ..."

Rolf Rüdiger saß neben Jessi auf der Bank und schaute zur Bühne. Sie warteten gespannt auf die Preisverleihung. Mehrere hundert Besucherinnen und Besucher waren in die große Gärtnerei zu den „Garten- und Genuss-Tagen" gekommen. Es herrschte Partystimmung. Die Menschen flanierten zwischen Spaliersträuchern und Rosenbüschen herum und ließen sich gute Tipps von den Gartenprofis geben. Dazwischen genossen sie die süßen Gratisköstlichkeiten, die an den Verkostungsstationen zum Naschen bereitstanden. Nahezu fünfzig Bäckereien aus dem ganzen Land, hatten ihr Stände in der Gärtnerei aufgebaut. Überall hörte man „Mhhh …" und „Ahhh … sooo gut". Am Stand der Bäckerei Schnapper standen die Leute in einer langen Schlange angestellt. Nach den vergangenen, extrem nervenaufreibenden Tagen fand Rolf Rüdiger die Atmosphäre richtig entspannend.

„Was gibt es Schöneres als einen Samstagvormittag mit schönem Wetter, schönen Blumen und mit Süßigkeiten …"

„… und mit mir!", ergänzte Jessi und zwinkerte ihm zu.

„Genau, Jessilinchen, wir sind ja auch ein verdammt gutes Team. Was war das für eine Action mit dem verschwundenen Rezept!", antwortete er erleichtert und ließ noch einmal das gestrige „grande Finale" vor sich ablaufen.

Nachdem sie im ersten Stock im Büro der Bäckerei Schnapper angekommen waren, hatte Jessi an die Tür geklopft. „Herein", hatte Frau Gludowiz von drinnen gerufen …

Rolf Rüdiger schloss die Augen. Wie ein Film liefen die Bilder vom gestrigen Tag noch einmal vor seinem inneren Auge ab. Wieder stand er im Büro der Gludowiz und fing an, etwas von schönem Wetter zu stammeln. Neben ihm Jessi, die sich endlich ein Herz fasste und Frau Gludowiz mit den Ermittlungsergebnissen konfrontierte: mit dem gelben Zettel, den sie auf ihrem Schreibtisch entdeckt hatte, mit den Zeichen und dem Hinweis auf die Oper. Als Rolf Rüdiger dann noch seine Beobachtungen vom doppelten „La-Traviata-Drama" in der Oper erwähnte, ging alles ganz schnell.
Die Gludowiz zuckte zusammen und wurde zuerst knallrot im Gesicht. Sie hatte natürlich nicht damit gerechnet, dass sie unter Verdacht stand und beobachtet wurde. Dann erschienen weiße Flecken auf ihrer Haut und Sekunden später verschwand die ganze Farbe aus ihrem Gesicht. Auf einmal war sie komplett bleich. So einen rasanten Farbenwechsel hatte Rolf Rüdiger noch nie gesehen, außer beim West-Usambara-Zweihorn-Chamäleon im Zoo.

Frau Gludowiz sackte in ihrem Schreibtischsessel zusammen, öffnete die oberste Lade und nahm eine Kartonrolle heraus.

„Es … es tut mir alles so schrecklich leid …", begann sie schluchzend. „Ich weiß auch nicht, wie das passieren konnte. Konstantin von Beutel hat mich vor ein paar Monaten kontaktiert. Er hat mich zum Essen eingeladen und mich mit seinen Geschichten und Versprechungen beeindruckt. Ich müsste ihm nur helfen, an das Schnapper-Rezept zu kommen. Wenn das Backhaus dann beim Cremeschnittenwettbewerb gewinnen würde, würde ich in die Geschäftsführung aufsteigen. Er hat mich total überrumpelt und unter Druck gesetzt. Ich weiß, das ist natürlich alles unverzeihlich."

Frau Gludowiz hielt sich die Hände vors Gesicht. Zitternd öffnete sie die Kartonrolle, zog ein vergilbtes Stück Papier heraus und rollte es vorsichtig aus.

„Originalrezept Schnapper-Cremeschnitte. Bäckermeister Karl Schnapper / Wien, 1907"

Fasziniert starrten Jessi und Rolf Rüdiger zum ersten Mal auf das Objekt der Begierde.

„Das original Schnapper-Rezept!"

Rolf Rüdiger hatte Jessi mit offenem Mund angesehen. Mit so einem schnellen Geständnis hatten sie nicht gerechnet. „So ein unsympathischer Fatzke,

dieser Beutel", hatte Rolf Rüdiger ausgerufen. Und Jessi hatte betroffen hinzugefügt: „Gemeiner Betrüger, versucht Sie da zu manipulieren!" Irgendwie hatte ihnen die Gludowiz in dieser Situation beinahe leidgetan. Aber Frau Gludowiz war noch nicht fertig gewesen …

Mit zittriger Stimme erzählte sie weiter, wie sie am Schreibtisch von Herrn Schnapper zufällig ein Stück Papier mit den Zeichen gefunden hatte. Ein paar Tage später hatte ihr Herr Schnapper den Auftrag gegeben, die Website der Bäckerei zu überarbeiten. Dabei war versehentlich die Hochstelltaste ihrer Tastatur eingerastet gewesen. Als sie das Gründungsdatum der Bäckerei, „5.3.1907", eingetippt hatte, waren dann genau diese Zeichen erschienen: % § !) = /
„Es war ein Zufall", schluchzte Frau Gludowiz. „Ich habe das Datum bei den Zahlenrädern auf der Mappe eingegeben und sie ist einfach aufgesprungen. Eigentlich sollte ich das Schnapper-Rezept ja nur fotografieren. Es würde gar nicht auffallen, hat mir Herr Beutel versichert. Aber dann habe ich ihm erzählt, dass das Rezept beim großen Cremeschmittenwettbewerb öffentlich ausgestellt werden würde." Frau Gludowiz atmete schwer. „Dann geriet alles außer Kontrolle. Plötzlich wollte Herr Beutel nicht mehr nur ein Foto, sondern das Original haben.

Niemand außer ihm sollte die Zutaten kennen. Er hat mich unter Druck gesetzt. Verraten würde er mich, wenn ich ihm nicht helfe. Ich wusste nicht mehr aus und ein, ich steckte ja schon zu tief drinnen in der schlimmen Sache. Also stimmte ich dem Treffen in der Oper zu …"

„Aber dann … Ich konnte es einfach nicht! Ich bekam plötzlich so furchtbare Gewissensbisse! Herr Beutel war am Anfang ja so nett … und das hohe Gehalt, das er mir angeboten hat. Aber es war unrecht, es war alles ein großer Fehler! Wie konnte ich das Elli und Herrn Schnapper nur antun!", sagte Frau Gludowiz mit zittriger Stimme.

Sie griff noch einmal in die Schreibtischlade, holte ein Kuvert heraus und legte es neben das Rezept. „Ich hoffe, die beiden verzeihen mir irgendwann. Ich habe meine Kündigung schon geschrieben."

Rolf Rüdigers Filmrückblick näherte sich dem Ende. Im nächsten Augenblick war die Tür aufgegangen und Elli und Wilhelm Schnapper waren ins Büro gekommen. Mit Tränen in den Augen hatte Frau Gludowiz das Schnapper-Rezept und ihre Kündigung Herrn Schnapper gereicht und begonnen, die ganze Geschichte noch einmal zu erzählen.

Rolf Rüdiger öffnete die Augen und schnaufte durch.

„Film: Ende, puh, das war ja mal ein Finale …!"

In diesem Moment wurde Rolf Rüdiger aus seinen Gedanken gerissen, denn plötzlich kam Bewegung auf die Bühne der Gärtnerei. Zwei Mädchen traten auf und stellten sich links und rechts an den Bühnenrand. Eines der Mädchen trug einen opulent gestalteten Blumenstrauß. Er war so groß, dass man den Kopf des Mädchens gar nicht mehr sehen konnte. Das andere Mädchen hielt eine Urkunde und einen goldenen Schneebesen in der Hand.

Ein kleiner Mann mit grünem Trachtensakko betrat die Bühne und klopfte mit der Hand auf das Mikrofon. „Poch, poch, poch … quieeeetsch", schallte es aus den Boxen. In Rolf Rüdigers Ohr begann es zu fiepen. Er erinnerte sich an die hohen Töne der Sopranöse in der Oper.

„Eins, zwei, hallo, hallo, können Sie mich hören?", dröhnte es aus den Lautsprechern. „Gut, ja also, herzlich willkommen in unserer Gärtnerei beim Garten- und Genussfestival. Ich begrüße alle Bezirkspolitikerinnen und -politiker und ganz besonders unseren Bürgermeister …", setzte Lanzenhofer zu seiner ewig langen Begrüßungsrede an.

„Warum müssen alle immer zuerst auf das Mikro klopfen? Und warum so viel Blabla. Ich komm gleich auf die Bühne und zeig dir, wie das geht!", dachte Rolf Rüdiger.

Eine unbekannte Schlagersängerin trällerte noch ein schreckliches Lied. Johann Lanzenhofer klopfte anschließend wieder auf das Mikrofon und sagte bewundernd. „Unsere Babsi Jones! Vielen Dank, Babsi!"

„Danke, ihr seid das beste Publikum, ich liebe euch", hauchte Babsi Jones ihre Dankesworte und machte noch ein Selfie mit Publikum.

Ein Mann schob einen Ständer vor die Bühne. In einem Rahmen mit Panzerglas wurde ein vergilbter Zettel präsentiert. Der Mann war Bäckermeister Alfred.

Jessi und Rolf Rüdiger sprangen auf, um besser sehen zu können. Sie waren wirklich froh, dass Bäckermeister Alfred nichts mit dem verschwundenen Rezept zu tun hatte.

„Jetzt geht's los!"

Rolf Rüdiger rieb sich die Hände. Er wollte schon Jessis Hand mitreiben, traute sich aber nicht.

„Und jetzt, liebe Freunde, ja, jetzt kommen wir zu dem Höhepunkt des alljährlichen ,Garten- und Genussfestivals'. Die Wahl zur Cremeschnitte des Jahres!", brüllte Lanzenhofer das Publikum an. Er griff in die Tasche seines grünen Trachtensakkos und holte ein goldenes Kuvert heraus. „Glücksengerl, wir brauchen ein Glücksengerl!"

Ein Kind wurde von seinen Eltern auf die Bühne geschoben, musste das Kuvert öffnen und gab ihm den Inhalt.

„Danke, liebes Glücksengerl, jetzt darfst du wieder runter."

Johann Lanzenhofer schaute kurz auf den Zettel und machte dann einen auf Showmoderator.

„Meine Damen und Herren, liebe Gästinnen und Gäste, die Cremeschnitte des Jahres ist … auch heuer wieder … die Cremeschnitte der Bäckerei Schnapper! ‚Die Schnapper' hat gewonnen. Erster Platz! Elli Schnapper, komm zu uns auf die Bühne. Applaus für Elli Schnapper!"

Die Zuschauer klatschten wie wild, Jessi und Rolf Rüdiger sprangen von ihrer Bank, hakten sich mit den Ellenbogen ein und tanzten übermütig einmal im Kreis herum.

„Das ist genial, Rolf Rüdiger", jubelte Jessi. „Wir haben gewonnen, DIE SCHNAPPER IS BACK!"

Rolf Rüdiger hopste auf der Bank auf und ab.

„Yeah, a Cremeschnitte a day, keeps the Bikinifigur away!"

Elli Schnapper stand vor dem Mikrofon, lachte ins Publikum und wartete kurz, bis der Applaus weniger wurde.

„Vielen Dank, vielen, vielen Dank. Das ist wirklich eine große Ehre für uns. Für unsere Eltern, meinen Bruder Wilhelm, für mich und natürlich für Opa Schnapper!"

Elli deutete auf den Ständer am Bühnenrand. „Das ist sein Originalrezept der Schnapper-Cremeschnitte aus dem Jahr 1907 – mit allen Zutaten. Wir haben es bis jetzt immer geheim gehalten und nie öffentlich gemacht. Aber das ändert sich mit dem heutigen Tag! Fast hätten wir das Rezept ja gar nicht hier ausstellen können. Aber das ist eine andere Geschichte."

Ein Raunen ging durch die Menge. Rolf Rüdiger und Jessi schauten sich an und mussten breit grinsen.

„Die Bäckerei Schnapper, also wir … wir haben uns dazu entschlossen, das Cremeschnittenrezept öffentlich zu machen. Ab sofort soll jeder, der Lust hat, die Schnapper- Cremeschnitte auch daheim nachbacken können! Und wer Lust auf das Original hat, kommt einfach zu uns in die Bäckerei."

Erneut wurde frenetisch applaudiert und „Schnapper, Schnapper, Schnapper …" gerufen. Auch Rolf Rüdiger und Jessi jubelten lautstark mit.

Johann Lanzenhofer überreichte Elli den riesigen Blumenstrauß, den goldenen Schneebesen und riss ihr das Mikrofon aus der Hand. „Sensation, Sensation bei uns in der Gärtnerei: ‚Schnapper' für alle!"

Er winkte die Fotografen heran und brüllte.

„Geht's her do Presse. Moch ma a Foto. Garten und Genuss! Lanzenhofer und Schnapper!"

Nachdem die Presse ihre Fotos gemacht hatte, nahm Elli noch einmal das Mikrofon.

„Eines ist mir heute noch ganz besonders wichtig. Ich möchte noch danke sagen. Danke an unseren treuen Bäckermeister Alfred und das ganze Schnapper-Team. Ein besonderes Dankeschön geht an Jessi, unsere beste Mitarbeiterin. Sie ist dafür verantwortlich, dass wir hier heute überhaupt stehen. Und vielen Dank an den beliebten Radio- und Fernsehquizmaster Rolf Rüdiger. Er ist ein treuer Freund unserer Bäckerei und wir würden ihn gerne zum ‚Markenbotschafter der Schnapper-Cremeschnitte' machen.

Dort unten sitzen die beiden!"

Elli deutete ins Publikum. Die Menge applaudierte und drehte sich zu ihnen um. Jessi war total überrascht und fühlte sich geehrt, dass sie von Elli hier so lobend erwähnt wurde. Sie verbeugte sich einmal kurz und winkte Elli dankend zu.

Rolf Rüdiger war nicht zu sehen.

Er bekam von all dem nichts mehr mit, weil er unter der Bank hockte und sich ein Ohr zuhielt.

Auf das andere Ohr presste er sich sein Handy, um bei all dem Lärm besser hören zu können.

„Hallo Rolf Rüdiger, wollte dich nur erinnern, morgen am Sonntag haben wir wieder gemeinsam Sendung. Ich hab die ganze Woche nichts von dir gehört,

warst wohl faul, mein Ratzilein!", sagte sein Freund
und Moderator *Robert* am anderen Ende der Leitung.
„Haaa … Du hast völlig recht, mein lieber Robertl",
krächzte Rolf Rüdiger zurück. Von der ganzen
„Schnapper, Schnapper"-Ruferei war er schon leicht
heiser geworden.
„Nix passiert in den letzten Tagen – stimmt genau.
Alles total unauffällig und chillig gewesen … hehe.
Bin morgen pünktlich im Studio. Ich bring übrigens
Cremeschnitten mit! Muss aber jetzt auflegen, viel zu
laut hier. Ich leg jetzt auf, hier ist das Kommando!"
„Auf die Plätzchen, fertig, los …"

ENDE

ROLF RÜDIGERS WÖRTERBUCH

(mein „KLO"ssar, hehe)

„Sehr schlau von dir, dass du hier gelandet bist.
Ich hab alles alphabetisch gereiht. Alle Wörter und
Begriffe, die du vielleicht noch nie gehört hast oder
bei denen du nicht weißt, was sie bedeuten. Mach
dich ruhig schlau. Keine Angst, du wirst schon nicht
zum Klugscheißer, hehe."

AC/DC
Australische Rockband. Für viele die beste Rockband
der Welt. Der Gitarrist und Gründer Angus Young

zählt zu den besten Hard-Rock-Gitarristen aller Zeiten und tritt auf der Bühne in Schuluniform auf.

Backo Chanel Nr. 1

Rolf Rüdigers Wortspiel zu Chanel Nr. 5. Berühmtes französisches Parfüm. Benannt nach der Modedesignerin Gabrielle „Coco" Chanel (1883–1971), die ein Modeimperium aufgebaut hat. „Mein Lieblingsduft ist aber Backo-Chanel Nr. 1, der Duft, der aus der Backstube kommt."

Chapeau

Französisch für Hut. Sagt man als Anerkennung für eine tolle Leistung. (Wenn man jemand grüßt, hebt man ja auch den Hut oder das Käppi.)

„Dark side oft he moon"

Die dunkle Seite des Mondes. Ein legendäres Album der Rockband „Pink Floyd". Unbedingt mal anhören.

Fischgrät

Ein Muster, das meistens bei Parkettböden zu finden ist. Dabei werden die Bretter wie die Gräten eines Fisches, spitz zulaufend, angeordnet. Rolf Rüdiger hat sich aber verhört. Gemeint war, dass er „diskret", also unauffällig und verschwiegen, ermitteln soll.

Flokati-Teppich

Ein flauschiger, langhaariger Wollteppich, der ursprünglich aus Griechenland stammt und per Hand an einem Webstuhl gewebt wurde.

Gelsen

Lästige, stechende Mücken.

Glundner Käse

Eine beliebte, aber stark und für viele auch recht streng riechende Käsespezialität aus Kärnten, dem südlichsten Bundesland Österreichs.

Gummiringerl

Man kann auch Gummiband sagen. Damit kann man zum Beispiel Lebensmittel in einem Gefrierbeutel verschließen. Früher wurden diese Gummis auch für Zöpfe und Pferdeschwänze verwendet. Als „Flitschgummi" oder als U-Hakerl-Gummischleuder auch bestens geeignet.

„Guten Morgen, guten Morgen, guten Morgen Sonnenschein"

Ein Hit der griechischen Sängerin Nana Mouskouri aus dem Jahr 1977. Eines der Lieblingslieder von Rolf Rüdiger, das auch in seiner Radioshow öfter gespielt wird.

Kamut
Eine der ältesten kultivierten Getreidearten. Schon 4000 Jahre vor Christus bauten die Ägypter Kamut an.

Karottenballett
Die LKW-Flotte der Wiener Müllabfuhr ist in einem knalligen Orange lackiert. Die Mitarbeiter, die die Mülltonnen leeren, haben Jacken und Hosen, die ebenfalls ganz orange sind. Wien ist ja eine der saubersten Städte der Welt. Und wenn die so mit den Mülltonnen herumturnen, dann sieht das fast aus wie eine Choreographie. Deshalb nennen die Wiene-rinnen und Wiener sie liebevoll Karottenballett.

Kastl
Ein kleiner Schrank oder kleines Regal. Verniedlichung von Kasten. Den Ausdruck verwendet Rolf Rüdiger auch für seinen alten Laptop.

Kluppe
Wäscheklammer.

Kronjuwelen
Eigentlich die extrem wertvollen Juwelen des briti-schen Königshauses. Umgangssprachlich wird „Kron-juwelen" auch für Geschlechtsorgane des Mannes verwendet. Dazu gehören die Hoden und der Penis.

Limetten-Frosting
Creme für süßes Gebäck. Zum Beispiel für einen Cupcake.

Malakoff-Torte
Wahnsinnig köstliche, cremige Torte mit Biskotten (Löffelbiskuit) und einem Schuss Rum.

Miss Marple
Die berühmte Schriftstellerin Agatha Christie hat die schrullige, ältere Dame erfunden. Die scharfsinnige Hobbydetektivin löst ihre Fälle immer „fischgrät", hihi. Es gibt spannende Bücher und auch Filme mit ihr.

Niavarani, Michael
Super lustiger und g'scheiter Kabarettist, Schauspieler und Autor aus Österreich.

Nirosta
Rost- und säurebeständiger Stahl, der häufig in Profiküchen als Arbeitsfläche verwendet wird.

Operngucker
Kleines, meist schön gestaltetes Fernglas, das man gut in die Oper mitnehmen kann, um die Sängerinnen und Sänger auf der Bühne ganz nah „heranzuholen" und zu beobachten. Manche Operngucker haben

auch einen Stiel. Dann kann man das Teil mit einer Hand gut halten und hat die andere Hand frei, um sich am Popo zu kratzen.

Otto Wagner
Berühmter Architekt, Baumeister und Stadtplaner aus Wien (1841–1918).

Padawan
Aus den Star-Wars-Filmen. Lehrling, der von einem Jedi-Meister ausgebildet wird.

Palatschinke
Beliebte österreichische Süßspeise. Mehl, Milch und Ei werden verquirlt, Prise Salz dazu und den flüssigen Teig dünn in der Pfanne ausbacken. Danach mit Marillenmarmelade bestreichen und einrollen. Staub-zucker drüber und genießen.
(Französisch: Crêpe, in Deutschland auch Pfann-kuchen genannt.)

Powidl-Datschgerl
Kleine Tascherln aus Kartoffelteig, die mit Powidl gefüllt und in Butterbröseln gewendet werden. Powidl ist stark eingekochte Zwetschkenmarmelade, Pflaumenmarmelade.

Pudelhaube

Eine gestrickte Wollmütze mit einem Quastl, auch Bommel genannt, oben drauf.

Robert Steiner

Robert oder „Robertl", wie Rolf Rüdiger manchmal sagt, ist nicht nur sein „bester Freund", sondern auch seit vielen Jahren Rolf Rüdigers Arbeitskollege. Robert arbeitet im Fernsehen, im Radio und live als Moderator. Seine coolen und lustigen Shows sind im ganzen Land bekannt. Auch in der Zeitung ist er immer für die Kids da. „Du bist ja so was von prominent und natürlich schöööön, eh klar, hehe", sagt Rolf Rüdiger immer.

Sackerl

Hoffentlich nur mehr aus Papier gefertigte Tragtasche (Tüte), zum Beispiel für Lebensmittel im Supermarkt.

Schwätzchen

Kleine Plauderei.

Signation

Im Radio, im Fernsehen oder auch bei bei Podcasts gibt es am Beginn einer Sendung meist ein vorproduziertes Element mit einer Kennmelodie und einem Begrüßungstext. Quasi als „... auf die Plätz-chen, fertig, los ...": Jetzt geht's los!

Smörrebröd
Eigentlich ein dänisches Vollkornbrot. In der beliebten Puppen-TV-Serie „Die Muppets", singt der Koch das Lied „Smörrebröd, Smörrebröd, röm, pöm, pöm, pöm ...".

Sopranöse
Rolf Rüdigers liebevoll gemeinter Ausdruck für eine Opernsängerin, die in der höchsten menschlichen Stimmlage singt.

Spatzi
Umgangssprachlich für den Penis eines jungen Säuge-tiers – also auch des männlichen Menschen.

Stillleben
Ein gemaltes oder fotografiertes Bild, bei dem Ge-genstände wie Blumen oder Früchte schön zusam-mengestellt wurden.

Strauß, Johann
Der „Walzerkönig" Johann Strauß (Sohn) wurde 1825 in der Nähe von Wien geboren. Der berühmte Kapellmeister und Komponist begeisterte mit seinen

unzähligen Walzerklängen und Kompositionen (z. B. der Donauwalzer). Vor dem Stadtpark in Wien wurde 1921 die vergoldete Statue enthüllt.

Tagada–Karussell

Das Karussell wurde in den 1970er Jahren erfunden und sieht aus wie eine überdimensionale Schüssel. Man sitzt im Kreis auf einer Bank und das Karussell hüpft und dreht sich wie wild. Zu finden ist das „Tagada" im Wiener Prater, auf vielen Volksfesten und Kirtagen.

Tagpfauenauge

Schmetterlingsart aus der Familie der Edelfalter. Er hat eine rostbraune Farbe und vier runde, blau und gelb leuchtende Flecken auf den Flügelspitzen. Die sehen fast wie Augen aus – wunderschön. Meine Lieblings-Schmetterlinge. Hauptsache, sie fliegen nicht in meinem Bauch herum ❤

Telefonbuch

Bevor es Handys gab, konnte man zu Hause mit einem „Festnetz-Anschluss" und unterwegs aus Telefonzellen telefonieren. In den gelben, dicken Telefonbüchern waren alle Personen und deren Telefonnummern alphabetisch aufgelistet.

Wuseln

Rolf Rüdigers Art, sich flink hin und her oder von A nach B zu bewegen.

Zinken

Umgangssprachlich für eine riesige Nase.

189

„DIE SCHNAPPER" –
DAS ORIGINALREZEPT

Bäckermeister Alfred hat den Blätterteig natürlich selbst zubereitet. Das ist aber extrem aufwendig. Du kannst den Blätterteig daher auch ruhig fertig kaufen.

Zutaten:

400 g Blätterteig (für 1 ganzes Blech)

250 ml Schlagobers

500 ml Milch

4 Eidotter

100 g Kristallzucker

1 Säckchen Vanillezucker

1 Prise Salz

Mark einer Vanilleschote

6 Blatt Gelatine

1 Tonkabohne

1 winzige Prise Kardamom, gemahlen (Ingwergewächs, Kapselfrucht: Die kleinen schwarzen Samen haben einen frischen, fast seifigen Geschmack. Vorsichtig dosieren, sonst schmeckt das Gewürz zu stark heraus.)

Marillenmarmelade

Fondant zum Glasieren der Cremeschnitten

Zubereitung des Teiges:

Zuerst solltest du das Backrohr auf 180 Grad Umluft vorheizen. Den Blätterteig rollst du auf einem Schneidebrett aus und teilst ihn mit dem Messer in gleich große Stücke. So groß, wie du „die Schnapper" haben möchtest. Es sollte eine gerade Anzahl dabei herauskommen. Du brauchst ja jeweils einen Boden und einen Deckel pro Schnapper.

Jetzt stichst du den Teig öfters mit der Gabel ein, damit er beim Backen nicht so stark aufgeht, und legst ihn auf ein Backblech. Entweder auf Backpapier, auf eine Backmatte, oder du lässt gleich das Original-Papier der Rolle dran.
Im Backrohr wird der Teig jetzt 15–20 Minuten hellbraun gebacken. Danach muss er auskühlen.

Zubereitung der Creme:

In der Zwischenzeit kannst du dich um die Creme kümmern.
Als Erstes musst du die Gelatine in kaltem Wasser einweichen und das Schlagobers steif schlagen. Anschließend vermischst du die Eidotter mit der Milch, dem Kristall- und dem Vanillezucker und lässt alles kurz aufkochen. Nun fügst du noch eine Prise Salz, eine Prise Kardamom, das Mark der ausgekratzten Vanille und eine geriebene Tonkabohne hinzu.

Nimm dann alles von der Hitze und rühre die Masse, bis sie schaumig ist. Als Nächstes erwärmst du einen Schuss Milch, rührst die ausgedrückte Gelatine ein, bis sie geschmolzen ist, und gibst alles in die warme Eimasse. Anschließend wird noch das geschlagene Obers untergehoben.

Jetzt ist deine Creme fast fertig und muss nur noch im Kühlschrank ordentlich durchkühlen. Vor dem Aufstreichen rührst du die Creme noch einmal durch.

Zusammensetzen:
Die ausgekühlten Teigblätter bestreichst du dünn mit Marillenmarmelade und setzt die Schnapper zusammen.

Teigblatt – dick Creme – Teigblatt – dick Creme – Teigblatt.

Zum Schluss musst du noch das Fondant erwärmen und die Schnapper auf der Oberseite dick damit bestreichen. Die cremige Zuckerschicht sollte anschließend noch kaltgestellt werden.

Viel Spaß beim Nachbacken der Cremeschnitte und lass sie dir schmecken!
„Schnapp dir deine Schnapper!"